Contre la bienveillance

Yves Michaud

Contre la bienveillance

Stock

Les essais

Ouvrage dirigé par
François Azouvi

Couverture Corinne App

ISBN 978-2-234-08118-5

Introduction

Ce livre a été rédigé durant l'été 2015. Il serait malhonnête de dire que le massacre de douze personnes dans les locaux de *Charlie Hebdo* n'a été pour rien dans sa rédaction, mais les réflexions que j'y développe remontent à plus de dix ans et les massacres du 13 novembre dernier ne donnent que la sinistre confirmation de ce que je redoutais.

Mes premières réflexions datent d'avril 2002 et du séisme de l'élection présidentielle en France, quand Chirac se retrouva au second tour face à Le Pen père après l'élimination du socialiste Jospin.

Au scandale de beaucoup, je me prononçai à l'époque contre le ralliement sans conditions à Chirac et les pantalonnades qui l'accompagnèrent[1]. Souvenons-nous de ces slogans pitoyables (« L'escroc plutôt que le facho »),

---

1. « Le fanfaron de la Corrèze et la bête du Gévaudan », *Le Monde*, 25 avril 2002.

de ces gestes ridicules (aller voter avec des gants…).
Je pensais et pense toujours qu'un pacte républicain
doit toujours avoir une contrepartie définie. À cet
égard, le désarroi et l'orgueil de Jospin, en le condui-
sant à se retirer de la politique le soir même de sa
défaite, lui firent commettre une faute majeure : il
lui fallait au contraire négocier le contenu d'un tel
pacte et, faute d'accord, recommander l'abstention.
Cela nous aurait évité le ridicule d'un score électoral
de république bananière (plus de 82 % des suffrages
en faveur de Chirac) et de donner tous les pouvoirs
à un homme qui ne sut, comme à son habitude, rien
en faire.

L'épisode mettait crûment en évidence l'incapacité
de la classe politique, de gauche comme de droite,
à appréhender le phénomène du populisme, ses raisons – et son avenir. Les choses ont empiré depuis
et le vote populiste n'a cessé de progresser. Quand
on en appelle aujourd'hui à un « front républicain »
pour lui faire barrage, on commet la même erreur :
les accords de pure opportunité sauvent peut-être les
apparences, mais ils faussent les élections, trompent
les citoyens et laissent les problèmes pendants.

Le second noyau de mes réflexions remonte, lui,
à la campagne pour le référendum sur la prétendue « Constitution européenne » qui déboucha en
mai 2005 sur son rejet – suivi d'une adoption subrep-
tice par le tour de passe-passe du traité de Lisbonne
de décembre 2007.

Je m'étais, après bien des hésitations, prononcé
pour le rejet.

Il me semblait en effet que cette « Constitution » n'en était pas une, que la construction européenne devenait de plus en plus technocratique/bureau-cratique, sans projet politique fort, et qu'il fallait non pas une Europe bricolée au fil des problèmes mais une construction fédérale réfléchie et volonta-riste. Mon « non » exprimait une demande non pas de retour aux identités nationales et à l'État-nation français, mais de plus de vision politique fédérale. À cet égard, l'élargissement euphorique de l'Union européenne passant d'un coup de 15 à 25 États en 2004 avait repoussé les problèmes sans les poser. Ici encore, la faillite de la classe politique et son manque de vision étaient patents. Au vu des crises écono-miques qui se sont succédé ensuite (Irlande, Chypre, Portugal, Espagne et tout récemment Grèce) et de la crise actuelle encore plus grave produite par l'arri-vée massive de migrants, mon diagnostic sort, hélas, renforcé et les rejets populistes de l'idée européenne ne peuvent pas surprendre.

Enfin, dans les mêmes années 2005-2006, j'ai com-mencé à dérouler un troisième fil de réflexion quand, dans le cadre des conférences de l'Université de tous les savoirs au lycée, j'ai fait l'expérience directe, concrète – l'expérience de terrain –, des problèmes identitaires à l'occasion des interventions que des pro-fesseurs ou des proviseurs me demandaient de faire sur le thème du communautarisme. Je me souviendrai toujours de la phrase du proviseur d'un grand lycée du nord de Paris en 2006 qui m'avait demandé avec insis-tance de ne surtout pas parler de religion ! « Sinon il avait la guerre dans la demi-heure. » J'ai vécu d'année en année la montée d'un communautarisme « de base » et du fondamentalisme religieux. J'ai vu aussi le désarroi de plus en plus agressif de jeunes Français d'origine immigrée, qui les conduit au repli sur soi, à la violence et à un retour à la religion sous ses formes les plus obscurantistes. Si, en 2006, les élèves d'un lycée professionnel des quartiers nord de Marseille se définissaient joyeusement comme « marseillais et musulmans », le temps s'annonçait où ils ne se diraient plus que « musulmans ».

En tant que philosophe, je m'étais intéressé depuis fort longtemps à la nature des identités, tant personnelles que collectives. Tout comme John Locke, David Hume ou Emmanuel Kant, je n'ai jamais pu leur trouver la moindre réalité substantielle. Les identités sont toujours des conventions, des constructions et des fictions. Je ferais une exception pour l'identité affective passionnelle – mais elle est, elle, totalement personnelle et donc insaisissable, enracinée dans les toutes premières expériences sensuelles et affectives de l'enfant et son histoire familiale[1].

Ma conviction est donc que les guerres autour de l'identité sont dépourvues de sens. Ce qui n'empêche nullement, bien au contraire, qu'il faille tenir compte avec la plus grande attention des hystéries identitaires fabriquées et fantasmées, que ce soit à partir

---

1. David Hume parle une fois en passant de « l'identité quant aux passions » sans rien dire de plus. Ce n'est guère surprenant, car cette identité est absolument particulière et ne peut donc faire l'objet de connaissance.

des religions, des races, du sol, du lieu-dit, du folklore... ou des équipes de football. La suite de l'histoire a montré que l'esprit critique, la prudence et, si besoin est, la fermeté s'imposent plus que jamais.

Ici encore, malheureusement, la classe politique a fait la preuve de sa totale absence de perception et d'intelligence, les uns agitant les slogans rances de la défense identitaire, les autres célébrant béatement le multiculturalisme et les « différences ».

En même temps que ces trois fils se nouaient, montaient le populisme et le fondamentalisme religieux, grandissaient le discrédit puis le rejet de la classe politique installée (la « caste », comme disent les populistes espagnols) et s'installait une crise de confiance durable en l'Union européenne.

C'est continuer à s'aveugler de penser qu'il s'agit là de trois séries de faits isolés requérant chacune une approche distincte selon des recettes éprouvées.

Au demeurant, aucune recette ne marche plus. Ce n'est pas étonnant : nous avons affaire à une situation fondamentalement nouvelle, en complet basculement, qui rend caduques nos manières anciennes de penser. La crise d'une situation est toujours aussi une crise des concepts pour l'appréhender.

Il est à la mode, virtualité numérique aidant, de répéter que le réel n'existe plus, qu'il n'y a que des images, des mots, et du *storytelling*. Le réel disparu fait pourtant souvent retour – *avec le visage de la mort*.

Il faut donc de nouveau affronter ce réel mortifère – oser le penser.

Et puisqu'il s'agit de réalité, qu'on me laisse rappeler trois points clés de l'empirisme, seule philosophie du réel, philosophie dont je me réclame bien qu'elle n'ait guère les faveurs de l'époque.

Le premier est que rien de ce qui est imaginable n'est impossible. La science-fiction, ou mieux, la société fiction à la Huxley, à la Orwell, à la Dick, à la Ballard, à la Houellebecq, a anticipé ce qui nous arrive et nous arrivera, depuis les complots jusqu'aux guerres civiles, de la reproduction programmée à la vie sécurisée derrière les caméras de surveillance, de la guerre robotisée au terrorisme artisanal/technologique, des catastrophes nucléaires et climatiques aux épidémies virales.

Le second principe est qu'on n'a jamais observé et n'observera jamais de connexion causale. Il y a bien des causes, mais elles n'impliquent pas leurs effets et les justifient encore moins : elles se bornent à les produire – quand encore elles les produisent, ce qui n'est même pas toujours le cas ! – dans l'intrication des réseaux de conditions nécessaires et suffisantes de toutes sortes. Il faut donc se méfier des histoires causales qui croient expliquer en remontant en arrière : l'important est d'abord de décrire correctement.

Le troisième principe, le plus important, est qu'il y a une différence absolue entre penser et sentir, entre concevoir quelque chose et le vivre. Nous en faisons l'expérience proprement sidérée quand arrive pour de bon la catastrophe dont nous avions pourtant envisagé tous les détails. Nous avions prévu le pire, mais quand il advient, il est encore pire que tout ce que nous avions imaginé : il est réel.

Cette différence radicale entre ce que nous pensons et ce que nous vivons une fois que nous l'avons pour de bon vécu, avec les conséquences que cette expérience a en retour sur notre pensée « une fois que nous l'avons faite », est capitale quand nous avons, comme aujourd'hui, à vivre des changements auxquels nous avions pensé et réfléchi, mais sur le mode pour ainsi dire suspendu de la pensée pure et avec de vieilles catégories.

Or il y a aujourd'hui trois points d'ancrage, trois points de capiton, qui rattachent la pensée à ce réel mortifère :
– le fait du fondamentalisme religieux,
– le fait du populisme,
– le fait de la *Realpolitik.*

Ce sont ces points de capiton qui clouent, qu'elle le veuille ou non, la pensée au réel et doivent nous empêcher de continuer à rêver. Ils sont examinés dans les trois premiers chapitres de ce livre.

Le quatrième et dernier chapitre tire la leçon de ces basculements et met en relation notre incapacité à appréhender la nouvelle situation avec la tyrannie des bons sentiments, avec la politique de l'émotion et de la compassion, avec la vision morale du monde – avec la tyrannie de la bienveillance.

Quoi ? Vous vous dressez contre la bienveillance ? Vous n'avez pas honte ?

Évidemment, compte tenu de cette tyrannie même, ma dénonciation choquera, comme choquera le titre de ce livre, mais c'est le prix à payer pour la lucidité et je l'assume sans restriction ni timidité.

Qu'on m'entende bien : je ne soutiens pas que la bienveillance est un sentiment indigne qui devrait être exclu de nos affections. Je dis seulement que c'est un sentiment caractéristique des relations en face-à-face ou de proximité, qui facilite et accroît la sociabilité mais ne constitue en aucun cas la base de la relation au sein d'une communauté politique. Comme le rappelle la brève analyse des théories de la bienveillance au XVIIIe siècle que je donne dans le premier appendice de ce livre, la bienveillance est un sentiment moral, pas un sentiment politique. Le château de Clarens où les belles âmes de *La Nouvelle Héloïse* vivent leur félicité n'est pas une communauté politique mais une île utopique.

À l'abri de l'État-providence ou de ce qu'il en reste, derrière le rempart des droits de l'homme et de l'humanisme, les droits sont devenus des dus et l'appartenance à la communauté passe pour une donnée naturelle. Du Clarens de Rousseau à la communauté idéale des esprits de Kant, nous faisons fi de l'imperfection des communautés humaines.

L'objet de ce livre est de rappeler que l'appartenance à une communauté politique se construit sur le renoncement réfléchi et obligé à certaines particularités pour asseoir la souveraineté collective, que les droits sont le corrélat de devoirs assumés, que la *Res publica*, le bien commun, présuppose ces renoncements qui ne peuvent pas être considérés comme « allant d'eux-mêmes » ni « sans dire ».

Ce retour aux principes de la communauté politique républicaine n'a rien d'évident ni de facile.

Il est tout à fait possible que d'autres formes de communautés s'imposent aujourd'hui ou demain, comme elles ont pu déjà s'imposer par le passé ou ailleurs : les théocraties, les communautés tribales, les États ethniques, les patriarchies, les empires totalitaires ont scandé l'histoire humaine et ce sont aussi des communautés politiques, mais ce sont des communautés non républicaines, sans la perspective d'un bien commun ou d'une *Res publica* – ce sont des formes de symbiotique parmi d'autres, comme aurait dit Johannes Althusius aux XVIe et XVIIe siècles.

Il faut surtout ajouter cette nuance capitale que le « citoyen » d'une théocratie n'est pas un citoyen mais un croyant, que le « citoyen » d'une communauté tribale n'est pas un citoyen mais un frère ou un cousin, que le « citoyen » d'un État ethnique n'est pas un citoyen mais un aryen ou un « pur », que le « citoyen » d'une patriarchie n'est pas un citoyen mais un fils, que le « citoyen » d'un empire totalitaire n'est pas un citoyen mais un numéro.

Peut-être certains d'entre nous souhaitent-ils, ou s'accommoderaient-ils d'être des croyants, des frères, des « purs », des fils ou des numéros. Ce n'est pas mon cas et je ne suis, heureusement et pour le moment, pas le seul à penser de la sorte.

Si nous voulons que le mot citoyen garde le sens qu'il a pris depuis les théories du contrat social, il nous faut en finir avec la bienveillance, la compassion et le moralisme, et revenir aux conditions strictes de l'appartenance à une communauté républicaine, revenir aux conditions strictes du contrat politique. À bien des égards, beaucoup de ce que j'avance dans ce livre redonne vie à des positions trop oubliées de Rousseau – avec juste un peu de modération.

De manière générale, s'il y a une inspiration qui anime ces réflexions, c'est celle des Lumières radicales du XVIIIe siècle, celles de Condorcet, de Diderot, d'Holbach, d'Helvétius et de Volney. Ce sont ces idées, reprises et organisées dans la constitution révolutionnaire de 1793, qui ont conduit à la Déclaration des droits de l'homme, à l'abolition du féodalisme, à l'éducation élémentaire obligatoire, à l'impôt progressif, à la destruction de la monarchie et de la théocratie, à l'abolition de l'esclavage, à la reconnaissance des minorités religieuses sous condition du respect de la loi républicaine.

Il fut à la mode dans les années passées de « déconstruire » la Révolution française en faisant de la Terreur montagnarde et robespierriste le tout de la période et quasiment une anticipation du Goulag.

INTRODUCTION

Il est temps de revenir de ces interprétations que la culpabilité et la repentance dictaient à des admirateurs désabusés du stalinisme à l'esprit profond et authentique des Lumières radicales qui ont construit notre *Res publica.*

Ce livre ne dit rien d'autre[1].

---

1. C'est avec plaisir (et le regret de n'avoir pas connu plus tôt ces textes) que j'ai découvert récemment la parenté forte de mes positions avec celles de l'historien Jonathan Israel dans son livre *Revolutionary Ideas*, Princeton, Princeton University Press, 2014. Voir son entretien avec Marc-Olivier Behrer dans *Le Monde* du 14 juillet 2015, p. 26. À cette date, mon livre était presque fini.

1

Le fait
du fondamentalisme religieux

Le massacre de la rédaction de *Charlie Hebdo* par les frères Kouachi, celui de l'Hyper Cacher mené par Coulibaly à Paris, les attentats à Villejuif et Grenoble par Sid Ahmed Ghlam, Yassin Salhi et leurs complices, en attendant les actes de terrorisme qui auront lieu pendant que ce livre s'écrit ou s'imprimera, avant eux les meurtres commis par Mehdi Nemmouche au Musée juif de Bruxelles, ceux commis par Mohammed Merah à Albi et Toulouse – tous ces faits sanglants nous ont fait vivre pour de bon que la communauté politique peut être détruite au nom du fondamentalisme religieux par des membres de cette communauté politique même.

Nous pensions, en démocrates confiants et au fond blasés, que les différences de croyances, que les différences en général sont bonnes, qu'elles peuvent être conciliées et, si besoin, aménagées par le dialogue, la discussion, la concertation, qu'elles doivent, au pire, être encadrées et réglementées par la loi pour leurs manifestations les plus dangereuses – répression de l'appel au meurtre, à la discrimination raciale ou religieuse, pénalisation du racisme et de l'antisémitisme.

Cette vision en termes de consensus et de dissensus modérés débouchait sur des discussions raisonnables à propos du communautarisme, du port des insignes religieux, voire du menu des cantines scolaires. Nous n'envisagions la violence que comme une possibilité « pensée », nous l'imaginions comme un cas monstrueux et une exception.

Nous venons de faire l'expérience, et nous la referons, que les croyances religieuses non seulement peuvent tuer – nous disions cela sans savoir, comme un cas d'école, ou en évoquant le passé lointain des guerres religieuses – mais tuent effectivement, que le meurtre peut être un mode d'action politique assumé et revendiqué comme tel.

Plus encore, nous avons fait l'expérience que ce ne sont ni l'arsenal législatif ni les moyens judiciaires, et pas plus les moyens policiers du maintien de l'ordre « civil », qui peuvent protéger et faire barrage contre les fanatiques.

Une des bandes vidéo les plus perturbantes du massacre de *Charlie Hebdo* montre les assassins repartant tranquillement en voiture après avoir tué douze personnes. Quand ils voient arriver en face d'eux, au fond de la rue, un véhicule de police en patrouille de routine, l'un des tueurs descend de l'auto, fait tomber au passage une chaussure qu'il ramassera, et vise posément à l'arme de guerre la voiture de police qui, touchée, repart en zigzaguant en marche arrière. Le fait est que des armes de service ne peuvent rien contre un fusil d'assaut Kalachnikov. Ce sont d'ailleurs désormais des patrouilles de l'armée, avec un armement lourd de guerre, qui surveillent les lieux sensibles.

La même impuissance vaut pour l'arsenal répressif judiciaire.

Merah, Coulibaly, les frères Kouachi, s'ils avaient été arrêtés, auraient écopé au pire de trente années de prison assorties d'une peine de sûreté qui n'aurait pas excédé vingt ans. Cette peine prétendument de sûreté aurait été en fait révisable puisque, au nom de notre démocratie « humaine », les peines de perpétuité incompressibles ont été supprimées et que les peines de sûreté, pour les mêmes raisons, sont devenues révisables. Gageons que Sid Ahmed Ghlam, Yassin Salhi, Mehdi Nemmouche, et tous les martyrs ratés ou chanceux de l'avenir, sauront invoquer leur droit à garder le silence, faire état d'une enfance malheureuse, du rôle de complices comme par hasard inconnus, pour bénéficier de peines « humaines » qui leur laisseront leurs chances de réinsertion – c'est-à-dire d'obtenir une libération pas trop lointaine.

Quant à nous, maintenant que la tragédie a eu lieu, nous pouvons toujours fanfaronner sur une liberté d'expression que nous sommes prêts à défendre au prix de notre sang !

Parions que la prochaine caricature de Mahomet, la prochaine installation artistique antifondamentaliste, la prochaine dénonciation de l'absurdité de la religion islamique, voire la prochaine réédition de quelques textes de Voltaire ou la reprise de *L'Enlèvement au sérail* de Mozart dans une mise en scène actualisée, attendront longtemps. Gageons que les militantes Femen continueront à profaner les églises sans jamais s'en prendre à une mosquée ou à un coran. Les assassins ont réussi. Le moindre soupçon de blasphème – qu'eux seuls définissent – ne fera plus courir à ses auteurs les seuls risques intellectuels et moraux de leur audace, pas même les risques judiciaires de poursuites au nom d'un nouveau délit d'islamophobie, mais bel et bien la perspective de la peine de mort terroriste – sans instruction, sans avocat, sans appel, sans grâce.

Le fondamentalisme religieux, le fanatisme ne sont évidemment rien de nouveau. Les persécutions religieuses, les massacres au nom de la foi, les inquisitions, les guerres de religion ne datent pas d'hier. On aurait même plutôt le sentiment que, dans l'histoire des religions, ce sont le non-fondamentalisme et la tolérance qui sont des exceptions.

Les affrontements semblaient pourtant s'être effacés au fur et à mesure des progrès de la « civilisation », au fur et à mesure que les antagonismes nationaux et internationaux s'étaient « politisés » et que le monde se désenchantait.

Il est bien possible que désenchantement et civilisation aient été des contes que nous nous faisions, mais le fait est que nous assistons en ce moment à un retour de balancier qui voit la politique *se fidéiser* de nouveau et la démocratie *défiée par la théocratie.*

Cette fidéisation et cette théocratisation ne nous étaient pas inconnues, loin de là, mais nous les regardions de loin, étonnés ou amusés, à l'œuvre dans des sociétés qui n'avaient rien de commun avec notre culture démocratique.

Tant qu'elles ne concernaient que les mollahs iraniens ou afghans, des émirs ou califes arabes, nous nous gardions de trop les voir comme d'y réfléchir, tout en entretenant l'illusion que la démocratie s'étendrait un jour, comme par enchantement, au monde entier. Seuls quelques avocats des droits de l'homme s'émouvaient occasionnellement des régimes théocratiques, comme on se gratte d'une démangeaison.

Le fait nouveau est que fidéisation et théocratisation sont aujourd'hui à nos portes – et, plus encore, chez nous.

Elles se déploient en ce moment du Moyen-Orient aux rives de la Méditerranée et au Maghreb avec un dynamisme impressionnant – celui de l'État islamique prenant le relais d'Al-Qaïda.

Chez nous, en France et en Europe, fidéisation et théocratisation pénètrent via le déluge de propagande religieuse diffusé sur Internet, les réseaux sociaux et les bouquets des chaînes de télévision financées par les pays du golfe Persique. Nous n'y voyions, il y a encore peu, que de l'information un peu exotique. Aujourd'hui, nous comprenons qu'il s'agit de propagation de la foi et de guerre de religion. L'imam bavard appelle au meurtre – et il est écouté.

Surtout, fidéisation et théocratisation sont directement présentes, actives, militantes, en la personne de ces milliers de citoyens qui vivent sur le territoire national, font partie de notre communauté où ils sont arrivés avec l'héritage colonial et qui adhèrent à des croyances religieuses directement opposées aux principes démocratiques, à commencer par leur adhésion à la charia, loi religieuse de compétence universelle et non territoriale qui s'oppose de manière catégorique au droit positif des sociétés démocratiques.

Il y a désormais parmi nous des citoyens comme nous, au même titre et avec les mêmes droits que nous, qui ne partagent en rien notre vision de la communauté et les croyances qui fondent cette vision. Ils refusent la liberté d'expression – sauf la leur –, la critique, la tolérance, et, en fait, la liberté tout court, et sont prêts à imposer leur vision par le meurtre au nom de l'idéal religieux.

Les plus modérés d'entre eux, comme l'a montré la grande vague de rejet des hommages aux victimes de *Charlie Hebdo* dans les établissements d'enseignement scolaire[1], loin de condamner les assassins, les

---

1. Le ministère de l'Éducation nationale est ainsi organisé que la remontée des incidents est filtrée de manière à amortir le choc des données. Les chefs d'établissement filtrent à un premier niveau, puis les inspections, et enfin les rectorats présentent leurs statistiques, qui seront de nouveau retravaillées et corrigées par les services centraux. Si bien que les chiffres officiels recensant les incidents lors des hommages à *Charlie Hebdo* ont considérablement minoré l'ampleur des rejets, incidents, voire refus agressifs. La presse s'en est parfois faite l'écho. Les enseignants sur le terrain aussi.

On objectera que les chiffres sont là et que je n'en donne pas – mais quand les chiffres sont ainsi « travaillés », ils n'ont plus de sens.

De manière générale, dans toutes les questions qui font l'objet de ce premier chapitre, les données chiffrées sont hautement

comprennent et estiment que les victimes l'avaient bien cherché.

Ces faits sont là, mais il faut continuer à s'aveugler. On parle donc de phénomènes localisés, de manifestations minoritaires, de loups solitaires, d'individus désocialisés manipulés, alors que c'est l'idée même de communauté politique qui est en jeu.

En dépit de tous les différends et conflits qui subsistent, la lutte des classes semblait un mauvais souvenir ou une notion trop simple pour saisir la diversité d'affrontements bien réels mais qui ne remettaient plus en cause la communauté. La démocratie pouvait sembler apaisée et même heureuse quand on la plaçait avec Claude Lefort sous le signe de la différence, avec Chantal Mouffe et Ernesto Laclau sous le signe de l'agonistique démocratique, ou encore sous le signe de dissensus dont on peut venir à bout par une discussion raisonnable à la Habermas. Que reste-t-il de telles croyances quand la communauté politique est traversée par une violence irrémissible assumée ?

---

contestables, ne serait-ce que parce que beaucoup de relevés statistiques sont interdits par la loi au nom de la non-discrimination. Les données recueillies par les services de renseignements intérieurs (ex-RG) sont moins rassurantes mais, à leur tour, exposées à l'accusation de partialité. Bref, comme dans beaucoup de domaines, la quantification est une forme de déformation et de désinformation. On en a l'illustration patente dans les débats politiques quand les adversaires se jettent au visage des chiffres grossièrement contradictoires. Voir la note de la page 30 ci-après.

Il y a quand même quelques indices de malaise – mais ces indices eux-mêmes mettent mal à l'aise.

Faire prévaloir la loi de la communauté par des sanctions judiciaires ou des dispositifs d'intégration qui corrigeraient une déviance occasionnelle limitée (insultes et agressions racistes, par exemple) avait du sens lorsque la déviance restait effectivement occasionnelle et les paroles en suspens sans passage à l'acte – en gros quand il s'agissait de poursuivre Le Pen père ou Dieudonné M'bala M'bala.

Face au réel meurtrier, d'étranges idées qu'on accueille avec embarras se font maintenant jour.

Après ces meurtres terroristes commis par des individus déjà repérés comme dangereux, il paraît soudain urgent de mettre en place des dispositifs de surveillance plus efficaces que ceux qui existent. Ce qui suppose une politique de surveillance avant délit que nous aurions jugée abominablement policière il n'y a pas si longtemps puisqu'elle crée une population de suspects. Les démocrates du temps de la démocratie paisible hurlent à l'État policier. Du point de vue du passé, ils ont raison. Du point de vue des futures victimes, non.

De même, on envisage la mise en place de structures de « dé-radicalisation » et de « désendoctrinement » pour apprentis terroristes, aspirants à la radicalisation, voire pour activistes repentis. Il y a moins de trois décennies, elles auraient été condamnées comme du lavage de cerveau à la chinoise ou à la cambodgienne des années 1950, 1960 ou 1970. Ici encore les partisans de la démocratie paisible se dressent contre la répression – sauf que la dissidence à désendoctriner n'est plus celle de démocrates s'opposant à un État totalitaire, mais celle de fous de Dieu qui veulent tuer la démocratie.

Un pas de plus, et on se pose la question de quoi faire avec les citoyens partis faire le jihad en Syrie ou en Irak dans les brigades internationales d'un État islamique dont on n'ose même pas prononcer le nom, et qui reviennent de leur séjour de tourisme militaire. À peine dispose-t-on déjà des moyens juridiques de suspendre leurs droits aux minima sociaux – qu'ils n'ont pas oublié de faire valoir avant leur départ –, puisque tel est démocratiquement leur droit. Faut-il envisager la déchéance de la nationalité ? En l'état de la loi, c'est inenvisageable, mais le meurtre politique était lui aussi inenvisageable – jusqu'à hier.

Dans notre bienveillance démocratique sans rivage, dont le droit d'asile et le principe du regroupement familial étaient l'expression aujourd'hui à bout de souffle, nous avons voulu croire (et beaucoup d'entre nous croient encore) qu'être citoyen est suprêmement désirable, au point de neutraliser tous les désaccords.

Nous avons voulu croire (et beaucoup d'entre nous croient encore) qu'il suffit d'arriver dans une communauté démocratique par la naissance, la naturalisation, le regroupement familial ou le droit d'asile pour « faire société » – cette expression informe et insaisissable qui dit si bien l'absence d'engagement.

Nous avons voulu croire (et beaucoup d'entre nous croient encore) que les croyances communes peuvent être automatiquement et facilement partagées, qu'elles n'ont pas beaucoup d'importance pourvu qu'on soit un bon consommateur – qu'il suffit en somme d'avoir un numéro de Sécurité sociale et un numéro de passage au guichet pour se retrouver « intégré ».

Force nous est de redécouvrir que la démocratie n'est pas la Sécurité sociale ni un guichet auquel on accède chacun à son tour avec un ticket. Les meurtriers fanatiques et ceux, nombreux, qui les approuvent ou ne les désapprouvent pas nous forcent à le redécouvrir.

Encore une fois, la prise de conscience de ce changement radical et du défi qu'il représente se fait malaisément, dans la confusion – mais l'on sent que quelque chose ne va plus dans nos représentations.

La confusion en question est lisible sur le diagnostic de ce qui serait remis en cause.

Pour certains, ce serait l'identité nationale, notre culture, nos manières d'être les plus courantes et les mieux enracinées. Avec, en retour, une crispation sur le drapeau, l'hymne national, les modes vestimentaires, la nourriture « de chez nous », voire un christianisme d'autant plus ardemment défendu que les églises sont vides. Telle est ce qu'on pourrait appeler la version « conscience nationale » du défi et de la menace.

À l'opposé, des démocrates bienveillants incriminent la rigidité encore excessive et provocante des conditions d'adhésion à la communauté. Si certains manifestent violemment leur désaccord avec les principes démocratiques, c'est qu'on leur demande encore trop d'adhésion et qu'on ne reconnaît pas encore assez leurs droits culturels et religieux. Sans aller jusqu'à un communautarisme avoué qui admettrait des loyautés plurielles et opposées au sein de la communauté démocratique en ne laissant plus subsister que l'unité face au guichet des droits, ces bienpensants veulent favoriser un pluralisme multiculturel de manière que chacun se sente bien dans la communauté en restant dans son monde propre. Les revendications sur la nourriture halal et le droit de se vêtir comme on veut en portant voile ou burqa sont alors alignées sur celles bien acceptées en matière de régime végétarien, de mariage pour tous et de coexistence des goûts sexuels.

D'un côté bérets, baguettes et soupe au cochon, de l'autre halal, végétarisme, barbes et dreadlocks. D'un côté le bloc identitaire, à prendre ou à laisser. De l'autre, un monde arc-en-ciel où mille fleurs fleurissent.

Il y a là beaucoup de confusion, faute de situer le mal où il est : dans la non-adhésion à la démocratie, dans le refus de ses principes. Ni l'identité ni le respect des différences ne sont ici en jeu, mais carrément l'adhésion aux principes démocratiques partagés – ou plutôt leur refus.

Arrêtons-nous un instant sur le fondamentalisme religieux musulman.

On doit d'abord constater qu'il n'est pas le fait d'un petit groupe d'illuminés ou de fanatiques.

Quelles qu'en soient les raisons, y compris celles qui tiennent à l'échec reconnu des politiques d'intégration, d'éducation et d'aide aux habitants des cités de banlieue depuis plus de quarante ans (quarante ans !), le fondamentalisme est maintenant enraciné dans une partie importante de la population française et européenne d'origine immigrée – plus de 4 millions de musulmans en France – avec un dynamisme démographique et une force de prosélytisme considérable, y compris parmi les 4 000 citoyens « de souche » qui se convertissent chaque année[1].

On fera valoir que les responsabilités de la « nation » et des gouvernements successifs sont écrasantes. Là n'est pas la question. Le moment n'est pas à se demander à qui la faute ni si les choses auraient pu tourner autrement, il est à constater cette présence et cet enracinement du fondamentalisme.

Il faut aussi parler franchement des religions.

Quand on va jusqu'au bout de leurs credo variés, quand on se donne la peine de les examiner en détail en les prenant au sérieux, les religions, quasiment toutes les religions, sont obscurantistes, intolérantes et antidémocratiques.

Certaines ont fini par s'adoucir et se modérer, pas forcément d'elles-mêmes d'ailleurs – n'oublions pas le

---

1. Je renvoie à un article du 21 janvier 2015 du journal *Le Monde* faisant une mise au point claire et informée sur les statistiques de la religion musulmane en France. Selon les points de vue subtilement traduits par les questions posées, on peut minorer ou majorer les évaluations. http://abonnes.lemonde.fr/les-decodeurs/article/2015/01/21/que-pese-l-islam-en-france_4559859_4355770.html.

travail critique courageux des esprits libres, notamment chez les grands théologiens. Le plus souvent, hélas, les religions devenues tolérantes et paisibles sont celles auxquelles on ne croit plus beaucoup, pas même par conviction hystérique.

L'islam sunnite, en attendant le moment où il deviendrait tolérant et s'ouvrirait à la critique, est aujourd'hui une religion obscurantiste, intolérante et antidémocratique.

Son message est exprimé et diffusé de manière ouverte ou à peine dissimulée dans les mosquées, de plus en plus nombreuses, recensées comme radicales – une sur trois en France en ce moment, et bientôt une sur deux. La même sorte de message est énoncée de manière hypocrite quand un imam croit intelligent d'enseigner à ses fidèles que, « non, les élections ne sont pas contraires à l'islam », ou quand la ministre de l'Éducation nationale, Mme Vallaud-Belkacem, qualifie le 17 mars 2015 en une formule dont l'étrangeté ne peut pas faire croire à un simple lapsus, les menus de cantine sans porc de « menus non confessionnels », ce qui signifie en langage religieux musulman que les menus comportant du porc sont, à ses yeux, des menus confessionnels, autrement dit des menus de chrétiens infidèles et que la nourriture halal est, à ses yeux, la norme[1].

---

1. Pas un journaliste, pas un homme politique n'a osé relever cette expression inquiétante, alors que celles de « menu de substitution » ou de « menu de remplacement » sont courantes et bien plus intelligibles.

Il faut donc faire preuve de la plus grande méfiance envers toutes les religions et notamment celles, comme l'islam sunnite, qui n'admettent ni critique, ni théologie, ni examen rationnel mais uniquement la relation directe avec Dieu et sa révélation par le biais d'un prophète dont il n'est rien permis de dire, soustraite à tout examen critique et échappant à toute interrogation intellectuelle.

Comment peut-on trouver normal de persécuter les adeptes de l'Église de scientologie et de tenir sous surveillance les sectes d'allumés plus ou moins escrocs, avec même, auprès du Premier ministre, une « mission interministérielle de vigilance et de lutte contre les dérives sectaires » (Miviludes) et, dans le même temps, tolérer les anathèmes contre les mécréants, les appels au meurtre, la diffusion de la propagande salafiste, l'obligation faite de porter le voile aux épouses et aux filles, les comportements discriminants tout droit issus de la charia (pas de médecins hommes pour une femme, polygamie sur la base du mariage religieux reconnu comme seul valable), les pressions sur les membres de la famille et de la communauté qui ne font pas leurs prières, boivent de l'alcool ou ne font pas le ramadan ?

On m'objectera que cette description de la situation est exagérée, partiale et hostile.

Ce n'est malheureusement pas le cas au vu des incidents à répétition provoqués par le souci de faire respecter l'interdiction du port du voile dans les espaces publics, des affaires de polygamie, au vu des violences périodiques subies par les personnels des services des urgences quand un « mari » ou un « frère » refusent qu'une femme soit examinée par un homme, au vu du climat entretenu dans nombre d'établissements scolaires au nom des exigences de la religion musulmane, par exemple quand il s'agit d'enseigner la théorie de l'évolution. Sans oublier le nombre de jeunes croyants partis pour le jihad[1].

On objectera encore, sur un plan qui se veut cette fois « théorique », que l'islam « ce n'est pas ça », qu'il y eut ces fameuses lumières islamiques de la fin du Moyen Âge auquel nous devrions tout ou presque, et que l'islam est en réalité une religion hautement spirituelle et tolérante.

Je répondrai que, même si ce fut vrai, ce ne sont pas ces qualificatifs qui viennent instantanément à l'esprit pour parler de la religion musulmane sunnite aujourd'hui[2].

Encore faudrait-il que ce fût vrai ! Les fameuses lumières d'Al-Andalus, celles d'Al-Kindi et d'Averroès

---

1. Voir l'article de Julia Pascual dans *Le Monde* du 30 octobre 2015 « Dix ans après les émeutes, l'islam irrigue la vie sociale des cités ». Cet article complète en données récentes les résultats de l'enquête de Gilles Kepel en 2011, *Banlieue de la République. Société, politique et religion à Clichy-sous-Bois et Montfermeil*, Paris, Gallimard, 2012 et ses analyses dans *Quatre-vingt-treize*, Paris, Gallimard, coll. « Folio », 2014. Le premier travail de Kepel *Les Banlieues de l'islam. Naissance d'une religion en France*, Paris, Seuil, 1991, permet de se faire une idée de l'évolution de cette religion sur une période supérieure à vingt ans.

2. Sans oublier le ridicule de l'argument. Imaginons que, pour excuser un catholicisme qui réinstaurerait aujourd'hui l'Inquisition, les persécutions et les bûchers, on en appelle à ses Lumières du XIIIe siècle : saint Thomas d'Aquin, saint Bonaventure, Dante... Tout le monde rirait.

ont brillé pendant deux petits siècles il y a fort longtemps. Et ces philosophes ne furent guère en odeur de
sainteté parmi leurs coreligionnaires. Après eux, plus
rien ou presque. Et leurs écrits sont à peu près inconnus du monde musulman aujourd'hui, qui serait bien
en mal de comprendre jusqu'à leur langue[1].

En fait, l'islam ne pourra être accepté sans réserve
que le jour où il reconnaîtra explicitement et inconditionnellement démocratie, pluralisme, liberté de
pensée et d'expression, liberté de conscience, en particulier liberté de choix de la religion ou de la non-
religion, ce qui veut dire *liberté absolue d'apostasie*, et
enfin renoncement tout aussi explicite et incondition-
nel à la charia comme droit absolu.

Bien évidemment, aussi, l'islam n'a aucun droit à
être protégé par autre chose que le droit commun de
choix de sa religion et de liberté de conscience dans
une société démocratique. Toute instauration d'un
délit d'islamophobie comme forme d'intolérance particulière est, de ce point de vue, à exclure. Si l'islam
doit être toléré au titre de la liberté de conscience, il
ne peut être protégé par principe de toute critique
derrière le paravent d'un délit qui sera invoqué à la
première remarque critique.

Il ne s'agit pas de faire de l'islam un épouvantail et l'unique menace pour la démocratie, mais de

---

1. Le livre d'Ali Benmakhlouf, *Pourquoi lire les philosophes arabes aujourd'hui. L'héritage oublié*, Paris, Albin Michel, 2015, est intéressant et utile, mais on a le sentiment que les premiers à se poser la ques-tion devraient être… les musulmans sunnites eux-mêmes.

reconnaître lucidement les points sur lesquels la foi religieuse entre frontalement en conflit avec les principes démocratiques et la nécessité absolue de séparer les croyances religieuses de ces principes.

On pourrait avoir l'impression que revient simplement ainsi la querelle sur la laïcité. C'est d'ailleurs souvent sous cette rubrique que l'on aborde la situation créée par le développement du fondamentalisme musulman.

En quoi l'on se trompe en réduisant la portée du débat et l'importance du défi.

Il ne s'agit pas en effet d'organiser de nouveau les relations entre Église et État avec cette unique différence que, au lieu d'une seule religion en cause, il y en aurait plusieurs, dont l'une serait seulement un peu plus exotique.

Si les républicains du tournant du XXe siècle combattaient le poids réactionnaire du catholicisme et la mainmise de l'Église sur des pans entiers de la vie sociale (éducation et hôpitaux notamment), s'ils pouvaient craindre la collusion entre certains milieux religieux et l'antisémitisme, ils n'avaient pas affaire à un credo que les fidèles étaient prêts à imposer par la violence. Que l'on sache, la violence de la fin du XIXe siècle est celle de l'anarchisme libertaire, celle de l'anarcho-syndicalisme, celle de leur répression par la police et l'armée, pas celle des luttes religieuses !

En fait, le questionnement est bien plus grave que celui sur la laïcité et nous ramène à un autre, plus profond : celui sur les conditions du contrat social, les conditions de la souveraineté dans ses rapports avec les factions, les séditions et la croyance.

Telle est bien la raison pour laquelle, comme je l'ai dit, nous avons l'impression, même confuse, que quelque chose ne va plus dans nos représentations. C'est en effet un des concepts clés de notre conception de la vie politique qui est remis en question par le fondamentalisme islamique – celui du contrat social.

La situation actuelle appelle donc bien un retour en arrière, mais ce n'est pas celui du débat sur la laïcité – c'est celui sur les conditions du contrat social aujourd'hui.

Il nous faut y revenir et les redécouvrir – revenir de la théorie pensée et rêvée à la théorie dans ses conditions de production et de pertinence pratique : ici, la philosophie politique reprend tous ses droits.

Les philosophes et les politologues ont eu coutume d'interpréter le contrat social du point de vue des seules conditions logiques de l'existence de la communauté politique en général.

Un excellent dictionnaire de philosophie, *The Oxford Companion to Philosophy*, dirigé par Ted Honderich, indique ainsi à sa rubrique « contrat social » :

« Il s'agit d'une fiction philosophique développée par les théoriciens du début de l'époque moderne pour montrer comment l'obligation politique repose sur le consentement individuel, c'est-à-dire sur le consentement que des individus rationnels donneraient s'ils étaient jamais dans la situation de vivre sans obligation ni règles d'autorité. »

La notice a été rédigée par un homme éminent, Michael Walzer. Les quatre auteurs auxquels il fait référence dans sa rubrique sont Hobbes, Locke, Rawls et Rousseau.

Sous cette version, il s'agit effectivement d'une expérience de pensée pour analyser les conditions de la communauté politique libre et non pas tyrannique.

Tant que l'idée de contrat social demeure la pierre angulaire de la théorie du consentement à l'obligation politique, on tend effectivement à la couper de sa pertinence historique et pratique.

On oublie alors que l'idée de contrat social n'est pas si ancienne, qu'elle remonte tout juste au XVIe siècle, qu'elle ne figure ni dans la pensée antique ni dans celle du Moyen Âge[1], et, surtout, qu'elle est apparue au croisement de deux interrogations brûlantes qui étaient les deux faces de la même pièce et qui nous reviennent aujourd'hui à peine changées avec les défis que nous vivons.

En premier lieu, les doctrines du contrat social sont apparues à une époque où l'autorité devenait questionnable... parce qu'on ne savait plus à qui obéir.

Quand on se met à douter du caractère naturel – appartenant à la nature des choses – du pouvoir des pères de famille ou des représentants de Dieu, quand ceux qui gouvernent apparaissent gouverner sans

---

1. Dans une étude ancienne mais très bien documentée (*Essai d'une histoire des doctrines du contrat social*, Paris, Alcan, 1909), Frédéric Atger consacrait ses deux premiers chapitres à l'Antiquité et au Moyen Âge mais notait qu'il manque alors les notions de souveraineté et de peuple – et donc quasiment tout.

n'être plus ni des pères, ni des vicaires, ni des bergers, ni des prophètes, alors on en vient à s'interroger sur les conditions de la soumission à l'autorité. Telle est la raison première qui conduit aux théories contractualistes à une époque de changements importants des champs d'exercice du pouvoir et d'une grande confusion sur les types d'autorité en concurrence.

Pouvoir du chef de famille, pouvoir des autorités urbaines, pouvoir féodal des seigneurs, pouvoir provincial des princes, pouvoir des rois, pouvoir papal, pouvoir impérial, pouvoir ecclésiastique : les sujets sont pris dans un entrelacs d'obligations et de loyautés qui se voient remises en cause au profit d'autres au fur et à mesure que l'Empire romain d'Occident se défait, que les unités nationales s'esquissent à partir du pouvoir personnel des rois sur les régions qui leur appartiennent, au fur et à mesure que les relations marchandes, juridiques, diplomatiques progressent et s'organisent, que les hérésies et sectes remettent en cause le pouvoir papal.

Pour parler comme Johannes Althusius, un des premiers théoriciens du contrat social au XVIe siècle, les hommes ont besoin pour survivre de mener une vie *symbiotique*, mais il y a des formes diverses de symbiotique : famille, principauté, cité, province, royaume, empire.

Parfois, ces formes symbiotiques s'accordent ; souvent, en revanche, elles entrent en discordance et les conflits de loyauté provoquent séditions et factions.

Les théories du contrat social tentent de mettre de l'ordre dans ces loyautés en les hiérarchisant ou en montrant comment elles s'excluent.

Enfin et surtout, face encore plus concrète et pressante du questionnement contractualiste, c'est à la même époque que des violences religieuses inouïes déchirent les pays européens – en même temps que se diffusent l'imprimerie et donc l'information. Les affrontements religieux produisent cette « guerre de tous contre tous » dont parle Hobbes (1651) mais avant lui Jean Bodin (1576), quatre ans après le massacre de la Saint-Barthélemy (1572).

Les théories du contrat social chez Althusius, Hobbes, Spinoza, Locke et, bien plus tard, Rousseau (dont on a tort de faire le représentant unique de ces théories) entreprennent donc de définir la nature de la souveraineté, de dire à qui obéir et surtout de déterminer les limites de cette obéissance, c'est-à-dire les devoirs qu'ont les sujets envers le pouvoir souverain et les droits que conservent les sujets pour eux-mêmes.

La situation actuelle est-elle si différente ?

L'individu d'aujourd'hui est au croisement de loyautés multiples dont certaines s'accordent plus ou moins facilement, alors que d'autres entrent violemment en conflit. Il est soumis à un certain nombre d'obligations mais bénéficie aussi d'une forte protection par le droit – un droit lui-même pluraliste selon qu'il est national ou supranational –, et enfin, pour nombre de ces individus, les affiliations religieuses interfèrent avec l'appartenance politique au point de créer de nouveau une situation de guerre de religion.

Les théories du contrat social ne sont pas toutes des théories de la démocratie, mais elles ont un point commun essentiel : elles définissent toutes la souveraineté comme émanant du peuple se constituant en *Commonwealth* ou *Res publica* – quelle que soit la manière dont cette souveraineté est ensuite déléguée et est exercée par un agent souverain effectif.

C'est cette réflexion sur la souveraineté qui est de nouveau essentielle pour nous, car elle implique l'affirmation d'une puissance forte et autonome à laquelle nous devons revenir.

Jean Bodin (1529-1596), qui n'est pas un contractualiste, mais qui a inspiré tous ses successeurs, insiste sur cette puissance quand il définit la république comme « droit gouvernement de plusieurs ménages et de ce qui leur est commun, avec puissance souveraine[1] ». La puissance souveraine en question est « ce qui réunit en un corps » et n'est limitée « ni en puissance, ni en charge, ni à certain temps[2] ».

Pour Johannes Althusius (1563-1638), le droit souverain (*jus regni*), qui est condition constitutive de la communauté politique, « ne reconnaît ni allié, ni supérieur, ni égal à lui-même » ; il n'appartient à aucun individu mais à tous les membres de la communauté symbiotique unis[3].

Pour Hobbes (1588-1679), la souveraineté est constituée par l'abandon que font les hommes de leur

---

1. Introduction des *Six livres de la République*.
2. Livre I, chapitre 8.
3. *Politica*, IX, § 18.

volonté particulière en une seule volonté qui devient la volonté de tous entre les mains du souverain-Léviathan. Comme le contrat est passé entre chacun des participants, la puissance souveraine est absolue en ce sens qu'elle n'a, elle, pas d'obligations contractuelles envers le *Commonwealth*. Ce qui signifie que ceux qui seraient en désaccord doivent se ranger aux côtés des autres ou être réprimés[1].

John Locke (1632-1704) est tout aussi catégorique quand il définit le pouvoir politique comme « le droit de faire des lois comportant la peine de mort et par conséquence toute peine moindre pour la gestion et la préservation de la propriété, et d'employer la force de la communauté pour l'exécution de telles lois et la défense du *Commonwealth* des atteintes extérieures et cela seulement pour le bien public[2] ». Même si ce pouvoir est, chez lui, « encadré » par ses objectifs (l'organisation de la propriété) et sa fin (le bien public), il est puissance de vie et de mort à l'intérieur, et de guerre et de paix à l'extérieur.

Baruch Spinoza (1632-1677) définit avec la même force le droit du pouvoir : « Le droit de l'État ou des pouvoirs souverains n'est autre chose que le droit naturel lui-même, en tant qu'il est déterminé non pas par la puissance de chaque individu mais par celle de la multitude agissant comme avec une seule âme[3]. » Et Spinoza poursuit (au § 5) : « Nous voyons donc que chaque citoyen, loin d'être son maître, relève de

---

1. *Léviathan*, deuxième partie, chapitre 18.
2. *Second traité du gouvernement*, chapitre 1.
3. *Traité politique*, chapitre 3.

l'État dont il est obligé d'exécuter tous les ordres et qu'il n'a aucun droit de décider ce qui est juste ou injuste, pieux ou impie. [...] Et, en conséquence, la volonté de l'État devant être tenue pour la volonté de tous, ce que l'État déclare juste et bon, on le doit considérer comme déclaré tel par chacun. D'où il suit qu'alors même qu'un sujet estimerait iniques les décrets de l'État, il n'en serait pas moins tenu de les exécuter. »

La position de Jean-Jacques Rousseau (1712-1778) en matière de souveraineté est tout aussi catégorique : « Cette personne publique qui se forme ainsi par l'union de toutes les autres prend en général le nom de corps politique : lequel est appelé par ses membres État quand il est passif, souverain quand il est actif, *Puissance* en le comparant à ses semblables[1]. »

Et plus loin : « Il y a donc dans l'État une force commune qui le soutient, une volonté générale qui dirige cette force, et c'est l'application de l'une à l'autre qui constitue la souveraineté[2]. »

Cette puissance souveraine, constitutive du *Commonwealth* ou de la *Res publica*, est limitée de deux manières – qui font encore mieux ressortir sa puissance.

Elle est limitée en effet « par en haut » – par le droit naturel défini *soit* de manière strictement religieuse à partir des dix commandements de Moïse – « la loi mosaïque » – (chez Bodin, chez Althusius, chez Locke), *soit* de manière anthropologique (le droit

---

1. *Du contrat social,* livre I, chapitre 3.
2. *Du contrat social,* livre I, chapitre 4.

naturel comme droit conforme à la nature humaine chez Hobbes ou chez Spinoza), mais surtout tous les penseurs contractualistes déploient des efforts exégétiques impressionnants pour rationaliser cette loi et encadrer ainsi sa transcendance de loi divine en réduisant son caractère arbitraire.

Comme on s'obnubile sur l'interprétation logique du contrat social, on fait à tort peu de cas des immenses développements que consacrent tous les auteurs à la question du rapport à la religion et à l'interprétation des Écritures[1].

L'autre limitation est « par en bas », puisque c'est celle du droit de résistance de l'individu avec sa vie et sa volonté particulières. Mais si jamais il exerce ce droit imprescriptible de résistance, commence l'épreuve de la force : ou bien il réussit à faire prévaloir collectivement son droit et on aura alors affaire à une redéfinition du *Commonwealth* qui avait été dévoyé en tyrannie par le souverain ; ou bien il échoue et s'expose alors à la contrainte : on le force d'être libre, on soumet sa volonté particulière à la volonté générale, on l'expulse du corps social dont il s'est lui-même retranché – et, plus expéditivement, on le met à mort.

Si la souveraineté est constituée par le pacte social, quelque forme qu'il prenne – implicite ou explicite –,

---

1. Un seul exemple : le *Léviathan* de Hobbes, dont le sous-titre fait état d'un *commonwealth* ecclésiastique et civil, comporte quatre parties, dont on ne lit en général ni la partie 3 (sur le *commonwealth* chrétien) ni la partie 4 (sur le royaume des ténèbres), consacrée aux mésinterprétations des Écritures, aux démons, aux illusions de la vaine philosophie et à la papauté.

elle a donc une puissance absolue qui ne peut être ni « discutée » ni « négociée ». Telle est la source de la préférence chez plusieurs auteurs (Bodin, Althusius, Hobbes) pour la forme monarchique de gouvernement : il leur semble que la souveraineté est mieux exercée par un seul que lorsqu'elle est divisée et remise entre plusieurs mains.

Or ce à quoi nous assistons aujourd'hui, c'est justement à la remise en cause de la puissance souveraine.

Cette remise en cause tient en premier lieu à la complexité – qui n'a cessé de s'accroître – de la sphère publique, à l'importance des interventions de l'État dans la vie sociale et économique avec un triple et paradoxal effet d'ingérence de la souveraineté dans la vie de chacun, de délégation et sous-traitance de cette souveraineté aux mains d'agences de toutes sortes (publiques, semi-publiques, privées) et de conflits incessants entre cette souveraineté et le droit – les contentieux, depuis les contentieux administratifs jusqu'aux contentieux constitutionnels et même supranationaux.

En deuxième lieu, cette souveraineté est aussi ébranlée par les revendications individuelles ou collectives, que celles-ci relèvent du bon plaisir de l'individu démocratique ou de ses appartenances de groupe. On peut parler ici de multiculturalisme, mais à condition de ne pas donner au terme un sens exclusivement ethnique ou idéologique : Noirs, gays, ou consommateurs hédonistes ont chacun leur type de communauté et leurs revendications sont également « culturelles ».

Enfin, en troisième lieu, cette souveraineté est limitée par les obligations auxquelles se sont soumises les puissances souveraines en adhérant à des conventions internationales, traités, organisations et en ratifiant des chartes juridiques supranationales.

La remise en cause contemporaine de la puissance souveraine du *Commonwealth*, de la communauté ou de la *Res publica* par des revendications religieuses n'est qu'un aspect de cette remise en cause, mais elle est d'autant plus dangereuse qu'elle s'appuie sur les autres formes de remise en question et cherche à se fondre avec elles : le port du voile et la polygamie sont alors défendus non seulement comme des commandements religieux (« Le prophète dit »), mais comme des revendications de l'individu suivant son bon plaisir (« Je fais ce que je veux »), ou on entreprend de les défendre au nom des conventions internationales protégeant les droits des minorités (« C'est un droit de l'homme »).

On voit bien cependant que, parmi les atteintes à la souveraineté, certaines portent sur des points qui peuvent soit être intégrés au fil des évolutions culturelles sans remise en question radicale de la communauté (au sens de *Commonwealth*) – quand il s'agit, par exemple de l'âge de la majorité ou des modes de traitement pénal –, soit passer dans le droit au fil de révisions constitutionnelles de détail qui prennent acte des évolutions sociales – quand il s'agit de la parité homme/femme, des droits des homosexuels, voire du mariage pour tous.

D'autres, en revanche, emportent des changements si considérables et si fondamentaux qu'ils remettraient en question, si on les acceptait, la communauté elle-même.

Si on dénie la liberté de conscience, par exemple en imposant l'appartenance religieuse et en interdisant l'apostasie, si on dénie la liberté d'expression en assassinant les caricaturistes et les pamphlétaires, eh bien, on n'a plus affaire à une communauté démocratique du tout.

Ce qui ramène directement aux réflexions des contractualistes.

Comme je l'ai dit, ceux-ci ont en effet construit le concept de souveraineté à la fois pour accompagner la naissance des États-nations au moment où se défaisaient la féodalité, d'une part, et l'organisation impériale/papale d'autre part (l'Empire romain d'Occident), mais, surtout, pour condamner les guerres civiles religieuses et y mettre fin de manière à la fois théorique et pratique.

Les positions des contractualistes se répartissent en la matière sur deux axes.

Le premier axe pose la nécessité d'une religion d'État en accord avec la vraie foi, professée et mise en œuvre par le souverain, y compris en allant jusqu'à l'usage de la force et à l'expulsion des dissidents. C'est le cas chez Althusius et chez Hobbes, et en partie chez

Bodin, mais il faut ajouter que cette option en faveur d'une religion d'État est toujours assortie d'une interprétation soit restrictive (chez Hobbes), soit modérée (chez Althusius) du dogme : seuls les désaccords fondamentaux en matière religieuse donnent lieu à l'usage de la contrainte. L'illustration la plus intéressante, parce que la plus radicale de cette option, est chez Rousseau avec son concept de Religion civile.

Écrivant plus d'un siècle après ses prédécesseurs (1764), alors que l'incroyance a considérablement progressé dans les cercles intellectuels et que l'exégèse philosophique a transformé la religion chrétienne et le droit naturel mosaïque en « déisme » ou « théisme » proches de l'athéisme, Rousseau estime cependant nécessaire qu'une religion maintienne les hommes en société. Mais devant le choix entre théisme (religion de l'homme), religion des anciens peuples et religion des prêtres, il fait le choix d'une religion « sans nulle relation à la constitution de l'État », purement spirituelle et morale, exprimée en une « profession de foi purement civile » produisant des « sentiments de sociabilité sans lesquels il est impossible d'être bon citoyen ni sujet fidèle ». Et si cette religion civile est réduite à quelques éléments abstraits portant sur le commerce entre les hommes et le contrat social, elle est en revanche imposée de manière parfaitement autoritaire : « Tout citoyen doit être tenu de prononcer cette profession de foi par-devant le magistrat et d'en reconnaître expressément tous les dogmes » – sous peine d'exclusion et même de mort : « Si quelqu'un ne les reconnaît pas, qu'il soit retranché de la cité, mais qu'il emporte paisiblement tous ses biens. Si quelqu'un après avoir reconnu ces dogmes se conduit comme ne les croyant pas, qu'il soit puni de mort. Il a commis le plus grand des crimes : il a menti devant les lois[1]. »

L'autre axe de définition du rapport à la religion est plus modéré et c'est celui qui s'est finalement imposé dans notre vision de la communauté : la critique du dogme, et notamment des incertitudes et des inconsistances de l'interprétation des Écritures, de la révélation et des dits des prophètes, conduit à renvoyer la religion à la conscience individuelle en décrétant à la fois liberté absolue de conscience et obligation absolue de tolérance. C'est la position de Spinoza, de Locke... et finalement de Rousseau lui-même jouant sur les deux tableaux puisque, parmi les dogmes de sa religion civile, un seul est négatif et c'est celui qui impose la tolérance et condamne toute intolérance.

Ce retour sur les théories du contrat social montre leur évidente actualité.

Car notre situation n'est pas si différente de celle des XVIe et XVIIe siècles : idée de souveraineté à redéfinir, violences religieuses à contenir et à proscrire. Nous avons, comme les penseurs contractualistes, à définir de nouveau les conditions de la communauté,

---

1. Dans les cours que donnaient sur Rousseau dans les années 1960 des personnes aussi éminentes que Robert Derathé ou Louis Althusser, le sujet de la religion civile était considéré comme embarrassant et renvoyé à une aberration rousseauiste. Il est clair que Derathé et Althusser ne voyaient pas la portée exacte de ces théories du contrat social et en particulier pas leurs implications religieuses.

les devoirs du citoyen, les marges d'autonomie qu'il conserve et les principes avec lesquels il n'est pas permis de transiger. *Nous avons à penser de nouveau les conditions de la communauté démocratique – et les limites qui doivent être assignées aux religions.*

En un sens, la crise produite par cette rencontre avec un nouveau fondamentalisme fait déjà l'objet de prises de conscience, mais les réponses apportées sont erronées ou faibles.

Les réponses erronées sont celles qui en appellent aux identités nationales en voulant les mobiliser défensivement contre les atteintes des « ennemis extérieurs ».

Des philosophes écrivent aujourd'hui de gros livres sur l'identité personnelle sans parvenir à dépasser – et pour cause ! – les constats sceptiques de Locke et Hume montrant de manière définitive qu'on ne trouvera jamais une base substantielle aux identités. D'autres invoquent avec nostalgie ces identités nationales que nous aurions perdues. Pour ajouter au ridicule, on a même vu un chef d'État français (Nicolas Sarkozy) prétendre réinventer l'identité nationale en créant un ministère du même nom. Comme si un ministère et une bureaucratie pouvaient créer de l'identité en dehors de celle d'un papier à en-tête ! Le paradoxe de ces approches défensives est qu'elles présupposent ce à quoi elles en appellent. Qui plus est, la communauté invoquée est celle d'une « nation » qui n'a aujourd'hui plus beaucoup de réalité compte tenu de la diversité des populations et de la complexité de l'organisation sociale et politique.

La seule réponse viable est donc de revenir, comme les pensées contractualistes, à un concept fort et rationaliste, à un concept robuste de la souveraineté, et à une conception forte et rationaliste des conditions d'appartenance à la communauté, notamment pour tout ce qui concerne les ferments religieux de dissolution.

Il s'agit de réaffirmer avec force, c'est-à-dire avec les moyens de réalisation adéquats, que l'appartenance à la communauté commande la soumission à la puissance souveraine, le respect des principes fondateurs non religieux de la communauté, le respect par les citoyens de leurs devoirs s'ils veulent pouvoir faire valoir leurs droits à la sécurité, à la liberté et à la solidarité sociale.

Les appartenances religieuses doivent donc être renvoyées strictement à la liberté de conscience avec une obligation absolue de tolérance.

Cette dernière expression doit être entendue avec toute sa force : la tolérance ne peut pas être envisagée comme elle-même une tolérance, une sorte de bienveillance civile envers autrui. Non, elle est un impératif commandé par la loi et sanctionné comme tel.

Comme je l'ai déjà dit, mais trop rapidement, ce programme contractualiste renouvelé ne condamne nullement les désirs voire les lubies des volontés particulières égoïstes, futiles, ou même bien intentionnées, tant qu'elles ne remettent pas en question les grands principes du pacte social. Il ne condamne nullement les volontés particulières de certains groupes (quelle que soit leur base : ethnique, sexuelle, idéologique) tant qu'elles ne remettent pas non plus en question les grands principes de la communauté. Pour prendre un seul exemple, un groupe de descendants de colonisés (avec tout ce qu'un tel groupe garde forcément de conventionnel tant que ses membres ne se réclament pas d'un fichage génétique) peut très bien demander la reconnaissance de son égalité, voire des particularités de son histoire – tant que cette demande de reconnaissance ne débouche pas sur celle de lois mémorielles interdisant la liberté d'expression et de recherche critique d'autres citoyens, ou sur l'éventualité d'actions de groupe communautaristes qui, elles aussi, interdiraient liberté d'expression et de recherche critique, voire sur des contre-discriminations niant l'égalité des citoyens quelles que soient leurs origines.

En d'autres termes, une conception de la communauté contractuelle robuste laisse une place au communautarisme mais uniquement au sens faible de reconnaissance de la diversité, en l'excluant en revanche catégoriquement au sens où il entraînerait des droits et des devoirs différents pour les citoyens en fonction de leurs origines culturelles, religieuses, ethniques ou idéologiques.

De la même manière, une telle conception ne fait nullement obligation à la communauté d'encourager l'expression et le progrès des cultures minoritaires. Celles-ci sont et doivent rester en charge d'elles-mêmes sous le contrôle de la communauté, attentive à ne pas voir se développer des revendications contraires à sa souveraineté. Concrètement, cela signifie que la communauté n'a pas à favoriser le développement des langues différentes de celles de la communauté, n'a pas à aider les associations communautaires. Elle doit uniquement s'assurer que leur développement ne va pas à l'encontre des intérêts de la communauté elle-même.

Pour ce qui concerne les religions – et notamment l'islam puisque les problèmes avec le catholicisme ont été pour l'essentiel réglés et qu'il n'y a guère de difficultés avec les religions orientales ni même avec certaines sectes –, les choses doivent être encore plus claires : l'éducation civique aux principes de la communauté doit être renforcée et il faut vérifier qu'elle a été bien acquise par des tests et examens adéquats[1] ; les citoyens musulmans doivent reconnaître, comme tous les autres, solennellement et inconditionnellement, la liberté de conscience, la liberté de religion et la liberté d'apostasie – et toutes les activités de prosélytisme et de propagation de la foi doivent être

---

1. Par tests et examens adéquats, j'entends des modes de vérification effectifs de la connaissance des principes de la communauté, suivis de prestation du serment de les suivre, à la manière recommandée par Rousseau. De ce point de vue, les cérémonies d'octroi de la nationalité française ne doivent pas être de simples formalités destinées aux nouveaux citoyens, mais l'aboutissement d'un processus d'acquisition qui concerne tous les citoyens, quelle que soit leur origine ou leur statut à la naissance. Et si l'état présent des lois ne permet pas cette sorte de procédure, il suffit de changer la loi. L'argument de la non-faisabilité n'est pas recevable. La loi peut toujours être changée quand il le faut.

surveillées et, si besoin est, réprimées. L'abandon de toute revendication quant à la compétence de la loi religieuse (charia) est une des obligations premières à faire absolument respecter.

De ce point de vue, ce n'est pas du tout une priorité d'organiser un prétendu islam de France. C'est aux musulmans, s'ils le veulent, d'organiser leur religion et c'est le devoir de la communauté de veiller à ce qu'ils le fassent, si c'est le cas, dans le strict respect de la communauté démocratique. De même, ce n'est pas à la communauté de construire des mosquées, mais c'est à elle de surveiller le respect des lois et notamment de celles concernant le financement de ces projets.

Il est regrettable de devoir ainsi insister plus sur le contrôle et sur la répression de l'activité religieuse, mais ce n'est pas être infidèle aux théories du contrat et ce n'est pas non plus la faute de ces théories si certains citoyens se comportent de manière hostile à la communauté démocratique et à ses principes.

Il est, heureusement, un second versant, positif et non plus répressif, à cette réactivation de la position contractualiste : c'est celui de l'explicitation renouvelée des principes de la communauté.

Les principes qui justifient la constitution du *Commonwealth* aux XVIe et XVIIe siècles doivent être rappelés.

C'est d'abord et avant tout le besoin de sécurité pour échapper à la guerre civile ou « guerre de tous contre tous » (Bodin, Hobbes, Locke). C'est ensuite la nécessité d'échapper aux errements des passions que ne contient nullement le droit naturel : « Les hommes dans la plupart de leurs actes étant sujets par leur nature aux passions, il s'ensuit que les hommes sont naturellement ennemis[1]. »

Althusius ajoute l'utilité et l'avantage des sujets, comme Locke plus tard, mais ce prolongement de l'effet de la sécurité est déjà présent chez Hobbes puisque la sécurité permet le développement de l'industrie humaine.

La liberté n'est donc pas la priorité des thèses contractualistes sauf chez Rousseau, mais elle est indirectement présente en raison des menaces que font peser sur elle l'arbitraire, la tyrannie et la guerre civile, et parce que la superstition et la violence religieuses détruisent la liberté de conscience et de croyance.

Quant à l'égalité, elle est très présente à travers les considérations de Bodin, Althusius, Locke, Spinoza, Rousseau, sur l'indispensable équilibre des contributions et des récompenses parmi les sujets, ou sur l'égalité des conditions évitant au *Commonwealth* d'être déchiré par les dissensions, les envies et le sentiment de l'injustice.

D'une certaine manière, la communauté, aujourd'hui, repose sur les mêmes piliers, mais ils doivent faire l'objet d'une mise à jour et d'une hiérarchisation différente.

La sécurité reste évidemment une condition forte, surtout en face des actes terroristes, mais la demande contemporaine de sécurité n'a pas grand-chose à voir

---

1. Baruch Spinoza, *Traité politique*, § 8-10, chapitre 2.

avec celle de temps anciens où le spectre de la guerre civile prédominait. Nous vivons dans des sociétés si avancées techniquement que la crainte de l'insécurité connaît une inflation disproportionnée par rapport aux risques effectivement courus, et surtout le combat contre l'insécurité a tendance à se retourner en un effet contraire menaçant la liberté.

C'est donc plutôt la liberté qui constitue aujourd'hui le pivot de la communauté.

Liberté sous toutes ses formes : liberté de l'individu sous la garantie de la loi, liberté d'agir, de se déplacer et de choisir son mode de vie (fût-ce un choix illusoire manipulé par la publicité, la mode ou quoi que ce soit d'autre), liberté d'avoir des désirs et de les satisfaire (fussent-ils des désirs illusoires et manipulés), liberté de conscience et d'expression. La vague d'émotion qui a déferlé après le massacre de *Charlie Hebdo* exprimait de manière spontanée l'indignation suscitée par la négation par les meurtriers de cette liberté de conscience et d'expression.

Le second pivot de la communauté est l'égalité.

Ici, il y a problème, car, dans la plupart des démocraties actuelles, coexistent une affirmation de principe de l'égalité, une revendication forte d'égalité économique, et une dénonciation forte et bruyante des échecs et illusions de cette revendication. On a affaire à une égalité de principe abstraite concernant aussi bien les droits que les contributions et à une inégalité de fait reposant à la fois sur l'héritage, la position dans le processus de production et la capacité à peser sur les processus de décision politique.

Avec ce paradoxe supplémentaire que l'égalité en tant que principe abstrait a été monnayée dans l'État-providence en droit d'accès aux guichets sociaux. La conception égalitariste abstraite de l'égalité a prospéré parce qu'elle est idéologiquement satisfaisante (« À chacun selon ses droits. »), qu'elle est difficile à démystifier (« Vous n'avez pas de chance, c'est tout ! »), et qu'elle s'accorde bien avec la conception passive d'une démocratie du guichet (« Vous êtes bien sur la liste. Attendez votre tour ! »).

La redéfinition à opérer en matière d'égalité doit, dans ces conditions, consister en un rééquilibrage vers l'égalité des chances : l'égalité est un principe de constitution démocratique, pas un droit démagogique à la consommation de services pendant que se reproduisent en réalité les castes oligarchiques. Parler d'égalité des chances implique que les axes d'action principaux soient la qualité de l'éducation publique (chantier entièrement à revoir de la petite enfance à l'université), la pression sur les inégalités produites par l'héritage, l'éducation continue des adultes.

Dans le prolongement de cette réflexion, la « fraternité » qui figure au fronton de la communauté demande aussi à être redéfinie pour recevoir un sens un peu plus élevé que celui de la « fraternisation » des soirées de victoire sportive. Elle doit se voir substituer la solidarité, celle-ci impliquant que les citoyens sont solidaires non seulement pour partager des bénéfices mais aussi des sacrifices et tout ce que requiert la protection de la communauté. Ce qui signifie une fiscalité simple, allégée, unifiée, juste, strictement et constamment progressive, en lieu et place d'un système fiscal comme l'actuel où taxes, contributions spéciales et temporaires, exemptions, détaxations en tous genres brouillent toute lisibilité et incitent les fraudeurs fortunés à bénéficier au mieux de la complexité du système à l'aide de montages d'ingénierie financière. De la même manière, l'administration de la justice et l'échelle des peines doivent être revues dans le sens d'une égalité des contributions et des peines.

Cette redéfinition des principes de la communauté a pour objet de redonner vie au contrat en faisant passer les citoyens de bénéficiaires passifs à agents engagés.

Une telle revitalisation peut sembler illusoire et platonique dans des conditions de massification et de confort qui n'ont guère à voir avec le choix éclairé d'un engagement tel qu'on le projette (probablement avec pas mal d'illusions) sur les XVIIe et XVIIIe siècles. Hormis l'aventure des Pères fondateurs de la Révolution américaine, celle des Conventionnels de la Révolution française et les échecs sympathiques de quelques utopistes du XIXe siècle, il n'est guère d'exemples de communauté politique issue de la volonté pure de citoyens constituants.

L'objection n'est cependant pas si forte qu'il semble.

Si les citoyens se trouvent en effet toujours déjà engagés dans une communauté où ils sont nés et se trouvent bon gré mal gré enracinés (le fameux consentement ou contrat tacite), il n'est pas aussi difficile qu'il le paraît de rappeler de nouveau que la condition pour bénéficier des avantages de la communauté est d'abord de les énumérer et ensuite d'en reconnaître explicitement les principes. À l'heure où le consommateur le plus ignorant sait très bien trouver les meilleures offres commerciales, on ne voit pas ce qui le condamnerait à ne rien savoir des conditions de son existence politique et sociale...

L'analyse qui vient d'être menée repose sur la thèse qu'il ne doit plus y avoir de ticket gratuit, d'inscription automatique au guichet communautaire.

Il faut ajouter qu'à une époque où les déplacements sont facilités (y compris pour les immigrés), où l'assujettissement à un lieu est réduit, l'entrée dans une communauté implique encore plus qu'aux XVIe et XVIIe siècles qu'on en reconnaisse les conditions d'accès et d'appartenance.

Ce que les remises en cause brutales et violentes de la communauté rendent manifeste, c'est la nécessité de passer du tacite à l'explicite, de la passivité à l'engagement, des droits aux devoirs.

Il faut donc envisager que non seulement l'éducation civique joue désormais un rôle clé dans l'éducation de tous, mais aussi qu'elle débouche sur un engagement solennel d'accession à la citoyenneté.

Cette idée « chevènementiste » passait jusqu'à il y a peu pour datée, cocardière, inutilement vexatoire, presque provocatrice, tant il allait de soi que la démocratie est un régime auquel tous aspirent. Quand, parmi les citoyens, un nombre grandissant d'entre eux ne partagent pas certains des principes constitutionnels les plus indispensables à la communauté et même les récusent ouvertement, il faut qu'ils en tirent les conséquences et se retirent – ou qu'on les force à s'en retirer.

Il ne s'agit pas de rendre par là l'accès à la citoyenneté plus sélectif, mais plus conscient, plus « engagé », marqué par un acte solennel de reconnaissance des principes de la communauté, avec cet effet que le refus de cette prestation de serment ou sa trahison impliquerait *ipso facto* sa nullité.

Dans les théories avancées de la démocratie à partir de Locke, l'appartenance civique est posée comme affaire de choix raisonné volontaire de citoyens qui savent ce qu'ils font, et de l'hypothétique contrat de départ on passe au serment exprès à la manière de la Révolution française quand elle accueillait avec enthousiasme les étrangers venus la rejoindre par conviction.

Le fait du fondamentalisme nous force à prendre conscience que l'accès automatique, somnolent et passif à la communauté politique ne peut plus avoir cours et doit faire place à un serment civique dont le service militaire, avec la perspective d'avoir peut-être à donner sa vie pour la communauté, a tenu lieu pendant longtemps.

Bien évidemment, aussi, le recours au regroupement familial automatique, conçu initialement pour faciliter et accélérer l'intégration des immigrés et qui s'est finalement révélé fonctionner en sens inverse, ne doit plus être la règle. De même encore, les conditions d'octroi de l'asile politique, dont le concept fut formé à l'époque des persécutions politiques au sein des États européens, doivent aussi être revues à un moment où l'on a élargi la notion de persécution

CONTRE LA BIENVEILLANCE

jusqu'à la rendre synonyme de misère économique ou d'envie humaine naturelle d'accéder à une vie meilleure[1].

Une communauté doit être choisie pour ses principes explicites, pas pour ses vitrines et ses guichets.

---

1. Les conditions d'attribution de l'asile politique en France ne sont pas la seule chose à prendre en considération. À beaucoup d'égards, elles y sont aussi sévères, voire plus, que dans d'autres pays comparables. À ceci près que si les refus sont prononcés dans des délais absurdement longs, alors que les demandeurs séjournent depuis longtemps sur le territoire, y ont organisé leur vie et parfois scolarisé leurs enfants, et si l'exécution des décisions reste lettre morte ou purement symbolique, les grands principes deviennent sans valeur et se voient substituer le sentimentalisme de l'action humanitaire en faveur des « sans-papiers ». Je renvoie sur ce point aux rapports successifs de la Cour des comptes sur cette question et à son référé du 20 octobre 2015 – https://www.ccomptes.fr/Actualites/A-la-une/L-accueil-et-l-hebergement-des-demandeurs-d-asile.

2

Le fait du populisme

Le deuxième fait que nous avons à penser, après avoir si longtemps refusé de le voir, est celui du populisme.

Le populisme s'exprime aujourd'hui de deux manières : des votes en progrès constant en faveur de partis nouveaux venus qui appellent à en finir avec la caste des partis installés et, dans le même temps, une forte abstention de la part de citoyens qui se désintéressent de la politique et « n'y croient plus ».

En France, les votes populistes se partagent de manière très inégale entre le Front national de droite et le Front de gauche.

La situation n'est guère différente dans les pays limitrophes ou voisins, principalement ceux du sud de l'Europe.

En Espagne, Podemos et Ciudadanos sont de nouvelles formations « contre la caste », respectivement de gauche et de centre droit.

En Italie, la Ligue du Nord et le Mouvement 5 étoiles du comique Beppe Grillo jouent des rôles similaires.

En Grèce, Syriza a bénéficié de la prime majoritaire du système électoral pour arriver au pouvoir, mais en faisant alliance avec des micro-partis populistes de gauche et... de droite.

Que ces partis soient plutôt de droite, comme en France, ou de gauche, comme dans les autres pays, ils bâtissent tous leurs succès sur la déception vis-à-vis des partis installés (« À quoi bon ? »), sur le rejet de ces mêmes partis accusés de verrouiller la vie politique et d'être corrompus (« Tous pourris ! » « Encore eux ! ») et se présentent comme une nouvelle offre où le peuple peut se reconnaître.

Quand, comme en France, 25 % des 60 % d'électeurs inscrits allant aux urnes votent pour le Front national, cela signifie, en version rassurante, que seuls 15 % des inscrits votent pour un populisme de droite, mais ça veut dire aussi, version plus sombre, que plus de 55 % des citoyens ont déserté la politique ou adoptent des positions populistes. Le verre à moitié plein, une fois de plus, ne contient pas ce que contient le verre à moitié vide.

Symptôme majeur de cette situation de « dépolitisation », les électeurs de ces nouveaux partis votent pour des programmes qui n'en sont pas.

Podemos en Espagne a un programme qui se résume à un chavisme vénézuélien bavard (« Les pauvres, les pauvres ! »), un slogan yankee traduit en latino (« *Yes we can* » devenu « *Podemos* ») et une queue-de-cheval 68 typique portée par son chef. Ciudadanos s'en prend uniquement à la caste en place. Syriza en Grèce promet de raser gratis, d'en finir avec l'austérité et de redonner à la Grèce fierté et indépendance par rapport à l'Union européenne, ses technocrates et banquiers vautours – tout en restant dans cette Union européenne et en mettant en place docilement le programme d'austérité auquel on l'a contraint. Ses alliés de droite célèbrent la fierté hellène, la chrétienté orthodoxe et regardent du côté de Poutine. En Italie, la Ligue du Nord prêche l'égoïsme régional et le rejet des étrangers. Beppe Grillo dit tout et n'importe quoi comme dans un sketch.

En France, Front national et Front de gauche s'opposent à l'Europe, à l'euro, à la supranationalité, aux riches, mais le Front national serait bien en mal d'imposer la préférence nationale, le protectionnisme et la sortie de l'euro.

En fait, tous ces « partis » savent à peu près ce dont ils ne veulent pas : des « diktats » de l'Union européenne, du pouvoir des banques, de la crise, du chômage, de la retraite retardée, de la caste politique installée, du dégraissage des services publics – en ajoutant, pour la droite, les immigrés, les sans-papiers, les réfugiés, les islamistes. Ça fait des programmes d'opposition et de dénonciation, pas des programmes d'exercice du pouvoir.

Ce n'est pourtant pas en ironisant sur le vide et l'incohérence de ces programmes, sur le « léninisme aimable » de certains de ces nouveaux dirigeants (c'est par cette expression que Monedero, ex-numéro trois de Podemos, a qualifié son parti), sur les ambitions de certains nouveaux affidés qui ont vite compris que les partis neufs offrent places et parfois abris pour les aigrefins, que l'on règle les questions du populisme – ou plutôt c'est de cette manière qu'on a procédé jusqu'ici sans arriver à grand-chose.

Si les nouveaux partis populistes n'inspirent guère confiance, leurs partisans, eux, doivent retenir l'attention.

Jusqu'ici, malheureusement, à quelques rares exceptions près comme les travaux de Taguieff, Guilluy, Bouvet, Bensoussan, le populisme a surtout été traité par l'aveuglement et le mépris.

On peut, à la rigueur, comprendre que la surprise que constitua le résultat du premier tour de l'élection présidentielle en France le 21 avril 2002 ait sur le moment pris de court la réflexion. On se souvient que Jacques Chirac s'empressa d'empocher une victoire inespérée sans faire un pas vers une union des forces républicaines à laquelle il devait tout.

Visiblement, ce tremblement de terre n'a laissé comme souvenir aux politiciens d'aujourd'hui que l'espoir de transformer de nouveau la prochaine élection présidentielle de 2017 en course au précipice au bénéfice de celui qui aura la chance de se retrouver le soir du premier tour face à la candidate du Front national et donc sera certain de rafler la mise au second.

Or le 21 avril 2002 a justement montré à quel point les partis populistes peuvent peser sur la vie politique et la rendre irrationnelle.

La politique n'a jamais été une activité rationnelle, mais c'est déjà assez d'avoir affaire aux seules passions : ce n'est pas un progrès d'y ajouter les sub-tilités du billard à trois bandes.

Faudra-t-il attendre que le peuple populiste devienne un jour majoritaire « par surprise » (comme ce fut le cas en Grèce avec la prime électorale à Syriza, et comme ce pourrait être le cas en Espagne pour Pode-mos) pour qu'on se rende compte que le populisme doit faire l'objet d'une analyse lucide ?

On ne peut en effet faire vivre une démocratie en laissant plus de la moitié des citoyens à un vote pro-testataire impossible à traduire en politique pratique, ou à l'abstention, en laissant la moitié des citoyens sans représentation et sans prise en compte de leurs revendications alors que celles-ci sont moins l'expres-sion d'une population de petits Blancs fascisants que la plainte des victimes des nouvelles fractures de la société. Car partout en Europe, et pas seulement en France, mais chaque fois avec les nuances de la situa-tion locale, le populisme traduit dans ses outrances et ses contradictions l'effet de la nouvelle configuration des fractures sociales, économiques et culturelles.

Dès 2002, sans connaître les premiers travaux de Guilluy, j'avais avancé une explication du succès du populisme en termes d'une série de fractures qui créent en politique une tectonique des plaques inédite[1].

Jacques Chirac avait subodoré quelque chose de cet ordre dès sa campagne présidentielle victorieuse

---

1. Yves Michaud, « Un petit effort... la catastrophe vient », *Libération*, 7 juin 2002.

de 1995 en mettant l'accent sur le thème de la « fracture sociale », mais, à son habitude, il n'en fit qu'un slogan simplificateur et ses velléités de raccommodage politique eurent l'effet d'un emplâtre sur une jambe de bois.

Repérer des fractures qui ne se recoupent pas et désarticulent le champ social sans offrir immédiatement des recettes éculées pour une possible recomposition ne rend sûrement pas plus facile la tâche des politiciens, mais illustre bien, d'une part, la complexité de la situation, et, d'autre part, la complexité du phénomène populiste – et les incohérences dont il est par principe porteur.

En parcourant de nouveau la liste de ces fractures, je constate qu'elles affectent tous les pays européens touchés par le populisme avec, encore une fois, des inflexions propres selon les contextes nationaux.

La première fracture, qui affecte tous les pays parce qu'elle est démographique, est celle entre jeunes et vieux, qui devient partout, avec l'allongement de la durée de la vie, une fracture entre jeunes, vieux et très vieux – avant qu'on ne parle bientôt de paléo-vieux. Juste une illustration : en 1950, l'âge de départ à la retraite (65 ans) en France était quasiment égal à celui de l'espérance de vie. Le décalage est aujourd'hui de près de vingt ans ! Cette fracture désormais multi-générationnelle est une fracture économique, culturelle, technologique, de distribution du pouvoir et de rationalité.

Il y a chez les plus âgés une incompréhension normale des jeunes et, au moins, une appréhension, sinon une crainte. De leur côté, les jeunes ont le sentiment d'être promis à une vie plus difficile que celle de leurs aînés, d'être exploités en termes économiques (dévalorisation des diplômes, difficultés d'entrée dans la vie, précarité des premiers emplois, contraintes à l'expatriation).

En profondeur, cette fracture se traduit par des problèmes de solidarité familiale (difficultés de logement et prolongement du séjour au domicile parental), de solidarité financière à court terme (aide de la famille qui doit se prolonger ou servir de filet de protection), ou à plus long terme (couverture maladie qui se dégrade, âge de départ à la retraite reculé, durée des cotisations). Le niveau élevé de la dette publique et le déséquilibre des régimes de solidarité sociale impliquent des engagements fiscaux cachés pour l'avenir.

Cette fracture générationnelle a des conséquences électorales : les anciennes générations défendent leurs acquis sociaux alors que les jeunes voudraient renverser la table, avec parfois des alliances surprenantes au sein des plates-formes populistes.

Il n'est pas surprenant que des régions rassemblant une forte proportion de retraités aisés comme la Côte d'Azur et le Languedoc-Roussillon votent beaucoup Front national, mais il n'est pas surprenant non plus que des régions très touchées par le chômage des jeunes et les difficultés d'entrée dans la vie comme le Nord donnent aussi beaucoup de voix au Front national, qui progresse parmi les jeunes.

La seconde fracture est celle entre populations dites « de souche » et populations d'origine immigrée.

Elle est très forte en France, compte tenu de son héritage colonial particulier, mais elle touche aussi (et touchera encore plus à l'avenir) tous les pays européens, compte tenu de l'importance des flux migratoires aussi bien pour des raisons d'attrait économique qu'à la suite de la déstabilisation des pays du Moyen-Orient et de la Corne de l'Afrique par les guerres et les nettoyages ethniques et religieux et de l'incapacité des pays autrefois tampons comme la Libye à continuer à jouer leur rôle de frontières.

Il est déjà significatif que, dans le cas français, pour des raisons tenant à la prétendue neutralité des outils démographiques et à la religion de l'antiracisme, on en soit réduit à parler « en gros » de huit à douze millions de Français d'origine immigrée.

Quant au nombre de clandestins « sans-papiers », il est, lui aussi, connu de manière approximative (300 000 à 400 000 personnes), ce qui semble normal s'agissant de « clandestins », à ceci près qu'en partant des données des demandes d'asile et du nombre de naturalisations et de reconduites aux frontières on pourrait probablement en avoir une idée plus précise. En Allemagne, la population d'origine turque est estimée actuellement à plus de 4 millions de personnes. L'Espagne, sous la présidence de Zapatero, a procédé en 2005 à la régularisation de 600 000 sans-papiers. Surtout, l'afflux des réfugiés demandeurs d'asile, via la Grèce, la Libye, le Maroc, la Bulgarie, la Serbie, la Roumanie, la Macédoine, a complètement déséquilibré depuis quelques années les dispositifs de circulation Schengen de l'Union européenne. Durant les trois premiers mois de l'année 2015, 185 000 demandes d'asile ont été déposées dans les pays de l'Union européenne. On estimait, fin août 2015, le nombre de « migrants » entrés dans la même Union à 350 000. Le raz de marée semble irrépressible et constitue un des défis majeurs pour les pays européens en cette année 2015 et pour les années à venir.

Ces nouveaux venus vivent le plus souvent dans des ghettos, dans les centres-villes désertés, des centres d'accueil et des campements de fortune pour les plus précaires. Ils sont peu intégrés pour des raisons linguistiques et scolaires. Ils entrent difficilement sur le marché du travail, ou bien sont destinés à des emplois clandestins ou subalternes (manutention, gardiennage et sécurité, logistique, travail saisonnier, bâtiment, entretien et nettoyage). Victimes de ségrégation raciste, ils la renforcent par leur enfermement communautaire, de plus en plus souvent religieux, et une obsession du « respect ». Ils sont absents de la représentation politique, à l'exception de ceux et celles d'entre eux utilisés comme gadgets médiatiques par les partis politiques en place. *Il est à prévoir que certains s'organiseront en partis politiques communautaristes et religieux.*

Les jeunes générations nées sur place réagissent à leur situation par le défi, l'agressivité, la débrouille, la délinquance (entre autres le narco-trafic) – et de plus en plus souvent par la radicalisation religieuse. Aux émeutes violentes des années 1980-2005 succèdent, depuis quelques années, sans qu'on ait trop vu venir les choses pour des raisons déjà évoquées au précédent chapitre, des itinéraires personnels de radicalisation et un puissant mouvement d'adhésion au salafisme.

Cette fracture entre populations de souche et populations immigrées se répercute dans toutes les directions au plus grand profit des populismes : peur de l'insécurité quotidienne, peur du terrorisme, peur du déclassement, racisme, repli intégriste et identitaire, critiques des politiques d'aide sociale et d'accueil, critiques du système scolaire.

La troisième fracture, dont les populismes de droite comme de gauche font commerce, est celle entre riches et pauvres.

Ici, il faut apporter des nuances qui ne sont pas celles de l'analyse des revenus ou des théories de la stratification sociale – c'est-à-dire prendre en compte *les statuts de pauvreté ou de richesse.* Non seulement il faut distinguer entre riches, très riches, très très riches, pauvres, très pauvres, exclus, sans oublier cette terre inconnue qu'est la classe moyenne, fourre-tout de la politique, mais il faut plus encore être attentif aux statuts qui vont de pair avec richesse et pauvreté. Il y a ceux qui s'en sortent et ceux qui ne s'en sortent pas, qui ne vivent pas de la même manière leurs moyens ou leur manque de moyens selon la précarité. Les politiques palliatives d'assistance, les charges salariales trop lourdes, la stagnation de l'économie pour cause de crises successives ont eu pour effet de rejeter durablement, parfois définitivement, certains citoyens hors de la vie active.

Une phrase circule sur les réseaux sociaux et forums : « À 800 € par mois tu ne vis pas, à 1 000 € tu survis, à 1 500 € tu vis » – et le salaire médian en France tourne effectivement autour de 1 700 € par mois. Derrière ces chiffres, il y a des situations extrêmement différentes : celle des salariés SDF parce qu'ils n'ont plus les moyens de se payer un logement, celle du quart-monde des cités vivant des minima sociaux[1], celle des licenciés du jour au lendemain pour cause de restructuration dans un bassin régional d'emploi déjà mal en point, celle du prolétariat de la fonction publique.

La fracture se manifeste par le confinement dans les cités, l'abêtissement face aux chaînes de télévision nationales et internationales, la réduction d'une partie de la population à l'état d'assistés que les aides sociales enfoncent encore un peu plus dans leur situation. Au XIXᵉ et au début du XXᵉ siècle, « ces gens-là » auraient fait partie des classes dangereuses et des « citoyens passifs », exclus du suffrage universel pour manque d'autonomie, d'éducation, et vulnérabilité à la démagogie. Aujourd'hui, pas tous, loin de là, mais beaucoup votent – et ils votent souvent populiste.

---

1. Fin 2014, plus de 6 millions de personnes vivaient en France des minima sociaux, soit 10 % de la population. Les minima en question regroupent minimum vieillesse, allocation pour adulte handicapé, revenu de solidarité active (RSA, ex-RMI). Les allocations chômage concernaient, elles, 3,1 millions de personnes au premier trimestre 2015. Chiffres empruntés à l'Observatoire des inégalités et à Pôle emploi.

La quatrième fracture est la fracture éducative, celle qui passe entre individus formés et ceux qui ne le sont pas.

La transmission éducative est l'un des enjeux les plus importants dans des sociétés qui reposent sur la technologie et la connaissance. Elle fonctionne mal, et même pas du tout pour certains qui échappent quasiment à toute éducation. Leur socialisation se fait par le quartier, la bande, les réseaux d'amis, les informations, les rumeurs qui circulent sur le Net. Ils maîtrisent très mal la langue, non seulement écrite mais aussi parlée, avec des vocabulaires réduits, pour ne rien dire des autres apprentissages. Ils sont condamnés aux petits boulots, aux emplois de manutention, de gardiennage, aux emplois de services les plus modestes – ou au trafic et à la débrouille.

Il y a aussi tous ceux qui suivent un cours d'études apparemment normal, mais avec de mauvaises orientations, beaucoup de fatalisme et d'attentisme, beaucoup de temps perdu, et qui se retrouvent un beau jour, selon l'expression consacrée, à « bac +3 », voire « bac +5 », sans perspective d'emploi à la hauteur de leurs aspirations.

Il y a enfin ceux qui, pour des raisons diverses allant de la qualité de l'environnement familial à la chance d'une bonne orientation, sans oublier la profondeur de leur motivation, entrent dans des parcours efficaces en bénéficiant soit des filières d'élitisme républicain qui subsistent, soit de l'appui de réseaux familiaux. Ceux-là se retrouvent bien formés, accèdent à des secteurs prometteurs, trouveront sans difficulté du travail et gagneront leur vie dans les métiers qui paient.

D'un côté, beaucoup d'ignorance qui rend vulnérable aux rumeurs, à la propagande, à la pseudo-information diffusée sur Internet, au sein des familles, entre copains, dans les bandes ; de l'autre, ceux qui ont eu accès aux filières d'initiés. Entre les deux, la foule de ceux qui s'en sortent moyennement, qui devront compter sur la chance, les embellies de la conjoncture économique, les recrutements de la fonction publique.

Cette fracture entre ignorance et connaissance correspond à l'évolution de l'emploi dans la société contemporaine, avec, d'un côté, des secteurs d'emplois spécialisés et techniques avec de bons niveaux de rémunération (marketing, trading, nouvelles technologies, métiers du luxe, tourisme, sport de haut niveau, droit), et, de l'autre, des emplois de services sous-payés (manutention, services à la personne) et entre les deux des emplois intermédiaires en voie de raréfaction et de déqualification (fonction publique, médecine, enseignement, main-d'œuvre de la maintenance, de la construction et de l'industrie).

Les partis populistes jouent sur les conséquences de cette fracture « cognitive » – rancœurs, frustrations, déception, comparaison avec les riches qui réussissent et les *people* – en multipliant les slogans simplistes, les généralisations démagogiques, les « yakas », les recours directs à la parole de la base, la dénonciation de la victimisation collective.

C'est encore une chance que le populisme ne se soit pas emparé directement de cette fracture éducationnelle et se borne pour le moment à en profiter et à dénoncer, sans faire le lien, la monopolisation du pouvoir politique et économique par les oligarchies et les « élites ».

Deux autres fractures, plus spécifiquement françaises, viennent ajouter au désordre de la situation.

Il y a la fracture entre ceux qui sont à l'abri de l'insécurité et ceux qui la vivent au quotidien.

D'un côté, les habitants des quartiers résidentiels, la France rurale profonde – pas la France rurale périurbaine. De l'autre, les habitants des cités, des quartiers à risque.

L'exposition à l'insécurité n'est pas uniquement affaire de géographie. D'autres dimensions jouent : banlieusards devant prendre les transports en commun aux heures creuses ou tardives, travailleurs de nuit et, plus encore, professions spécialement exposées : police, pompiers, personnels hospitaliers, urgentistes, médecins de proximité, personnel de guichet et d'accueil, contrôleurs et agents de sécurité, et surtout, maintenant, enseignants. Même si tout le monde se dit préoccupé par la montée de l'insécurité (on ne dit plus « violence »), la réalité est que certains la vivent dans leur vie quotidienne et que d'autres écoutent ce qu'en disent journaux, radios et télévisions. Le populisme fait de l'insécurité un de ses chevaux de bataille – et pas seulement en France – en en renvoyant la responsabilité au laxisme des tribunaux, au confort des prisons, à l'invasion des immigrés, migrants et roms, aux terroristes. Il y a là un fonds de commerce d'autant plus inusable que, en réalité, l'insécurité

tenant à la violence ouverte est doublée et démulti-
pliée par l'insécurité économique, l'insécurité engen-
drée par les changements technologiques et ceux des
modes de vie, et par les troubles de l'identité, tout ce
que Laurent Bouvet a appelé à très juste titre l'« insécurité culturelle[1] ».

Encore plus française, et encore plus nationale, la
dernière fracture : celle entre personnes à statut protégé et celles exposées à la précarité.

D'un côté, disons les fonctionnaires, les retraités,
beaucoup de professionnels du secteur parapublic
ou anciennement public (EDF, SNCF, Pôle emploi,
URSSAF, agents consulaires) ; de l'autre, les salariés du
secteur privé (entreprises, commerce, agriculture, arti-
sanat, autoentreprises), ceux qui peuvent être licenciés,
y compris quand ils sont protégés par un CDI (contrat
à durée indéterminée). L'exposition à la précarité est
elle-même très variable : elle va de la précarité « protégée » du CDI à l'ultraprécarité des intérimaires, des
salariés en CDD (contrat à durée déterminée), des sai-
sonniers, vacataires, stagiaires, intellectuels précaires,
intermittents.

Il faut ajouter que cette France protégée ne l'est
pas seulement en termes de sécurité de l'emploi. Elle
l'est aussi dans sa charge de travail et dans sa quasi-
immunité par rapport aux fautes professionnelles.

La majeure partie de la fonction publique et para-
publique qui travaillait déjà moins de 35 heures
hebdomadaires avant les lois Aubry de 1998 à force

---

1. Laurent Bouvet, *L'Insécurité culturelle*, Paris, Fayard, 2015.

d'arrangements concédés par des hiérarchies ne voulant pas d'histoires avec les syndicats, a profité de ces lois pour réclamer et empocher des réductions supplémentaires – puisqu'il lui fallait aussi profiter d'une telle « avancée sociale ».

On peut, depuis lors, parler de fracture entre une population qui travaille peu ou très peu[1], qui échappe pour l'essentiel aux contrôles et aux sanctions et une autre, exposée aux cadences, aux pressions et au *burnout* pour suivre les besoins de production, faire tourner les chaînes, assurer la continuité des services publics durant les week-ends ou la nuit, boucler à temps les projets pour les cadres supérieurs ou le management intermédiaire.

Leur statut donne aux agents de l'État ou des services parapublics une immunité à peu près complète. Ceci vaut aussi bien pour les agents subalternes protégés par le laxisme de routine et les commissions paritaires que pour les cadres dirigeants, les hauts fonctionnaires, les magistrats, ou les dirigeants d'entreprise qui ne commettent jamais ni fautes professionnelles ni délits...

Ces excès de sécurité professionnelle coûtent cher, avec la charge des salaires publics, celle des régimes spéciaux de retraite ou les dérives financières des comités d'entreprise, des mutuelles de santé ou les primes spéciales distribuées. Le coût de la précarité n'est pas

---

1. Le livre de Zoé Shepard, *Absolument dé-bor-dée ! ou le paradoxe du fonctionnaire. Comment faire les 35 heures en... un mois !*, Paris, Albin Michel, 2010, n'est pas aussi caricatural qu'on a voulu le dire et décrit assez bien des situations répandues.

moindre : congés maladie, maladies et troubles professionnels, indemnisation du chômage et de l'intermittence, revenus minimaux et allocations spéciales.

Le poids est encore plus lourd en termes de perception des inégalités : il y a ceux qui sont payés à ne pas faire grand-chose et ceux qui « triment » pour les autres.

Ces arguments sont au cœur des discours populistes dénonçant la bureaucratie, son coût, la fonction publique, sa faible productivité, son statut protégé, son caractère contre-productif compte tenu du fait qu'il faut occuper les fonctionnaires à multiplier les contrôles bureaucratiques et la paperasserie. Dans un pays qui persiste à se voir comme foncièrement égalitaire, il y en a qui jouissent de vraiment plus d'égalité : fonctionnaires, politiciens, patronat, professions à statut réglementé ou protégé.

Ces fractures expliquent la difficulté à appréhender les situations et plus encore celle à les traiter.

Car ces clivages se croisent et se recoupent sans que se dégagent des lignes de partage claires ni fixes.

La notion de lutte des classes qui éclairait les divisions politiques n'opère plus. Du coup, il est difficile de tracer la frontière entre populisme de droite et populisme de gauche, quoi que les partisans de ces partis en aient. La plupart des thèses du Front de gauche de Mélenchon/Laurent se retrouvent dans les idées du Front national et seule l'immigration les différencie vraiment. Tous deux célèbrent d'ailleurs également Syriza et les « victoires » de la politique de Tsipras en Grèce. On attend le jour où Marine Le Pen célébrera la victoire de Podemos en Espagne.

Si les partages ne sont pas clairs, ils ne sont pas fixes non plus, ne serait-ce que parce que les générations passent, que les changements urbains modifient rapidement les conditions de sécurité, que les enfants de la classe moyenne supérieure peuvent devenir aussi ignorants que ceux des banlieues, que la dégringolade d'un cadre à cause d'un plan social et d'un divorce peut être vertigineuse.

Au niveau macropolitique, ces fractures créent une situation qui échappe aux schémas d'appréhension classiques – gauche réformiste, gauche révolutionnaire, droite conservatrice, droite bonapartiste, droite gaulliste, droite libérale réformiste. Les clivages ne sont plus nets et aussi se déplacent au fil des problèmes.

Les populismes prospèrent sur tout ça, piquant ici ou là les revendications catégorielles les plus partagées ou au plus fort impact, leur donnant des atours démagogiques, les rassemblant enfin en une histoire de vaste complot des élites, du système, de la caste.

J'ai jusqu'ici parlé de populisme de droite ou de gauche, mais il ne faut surtout pas oublier les écologistes, qui relèvent tout autant de ces catégories et dont les clivages, dissensions, ruptures et raccommodages correspondent aux fractures qui traversent la société : écologie de pauvres, écologie de riches, écologie de bobos, écologie d'affairistes : au super-marché de l'écologie, il y en a pour toutes les fractures et un personnage comme Hulot rassemble toutes ces ambiguïtés. D'où sa popularité.

Face à cette situation, soit on laisse les discours politiques anciens tourner à vide, soit on bricole de nouvelles offres pour les nouveaux clients, mais qui ressemblent comme deux gouttes d'eau aux vieilles recettes – ou aux slogans populistes.

Laisser le discours tourner à vide, telle est la tactique du Parti socialiste, dont la pauvreté des positions atteint des sommets depuis le règne du hollandisme, c'est-à-dire depuis la fin des années 1990 (François Hollande est devenu premier secrétaire du Parti socialiste en 1997). Un vocabulaire socialiste de façade couvre une offre plurielle adressée aux différentes clientèles électorales visées – avec, pour contrepartie au sein du parti, l'existence de ces fameux « courants » qui correspondent à chacune de ces clientèles.

Les programmes périodiques pondus par les congrès agglomèrent les différentes propositions : pour les pauvres, pour les très pauvres, pour la classe moyenne, pour la frange de population immigrée en voie d'intégration, en conjuguant ces offres avec un discours socialiste « général » : contre l'argent, contre la finance, contre les riches, et un catalogue de « mesures de société » adressées aux différentes communautés : les homosexuels, les descendants d'esclaves, les musulmans, les victimes du travail, les petits artisans victimes de la concurrence, etc.

De là l'échec de la candidature Jospin à l'élection présidentielle de 2002, quand les voix des électeurs se sont éparpillées au premier tour sur les candidats qui exprimaient directement les malaises de chaque catégorie sans considération du bilan réformiste du candidat.

À la suite de cette mésaventure, Hollande a tout fait pour resserrer les rangs et rassembler les courants socialistes de gauche, écologistes compris, tout en gardant le même bazar de propositions catégorielles ornementées de projets de « lois de société ».

La tactique consiste surtout à se servir du populisme comme d'un adversaire/partenaire dans les affrontements électoraux au scrutin majoritaire en comptant sur la désunion et le rejet de la droite. Au lieu d'une vision, on a affaire à un jeu de billard.

Proche de ce socialisme tacticien, Jacques Chirac a joué lui aussi la carte de la politique attrape-tout. Il a promis aux fonctionnaires plus de sécurité, aux entrepreneurs plus de flexibilité, aux bobos des 4 × 4 écologiques, aux écologistes un monde sans OGM mais avec Nicolas Hulot, aux exploitants agricoles l'argent de la PAC, aux cancéreux des traitements de fin de vie et aux fumeurs des fumoirs publics. Dans le détail, c'est à peine moins ridicule. Sarkozy se fit élire sur des ambiguïtés du même ordre, en ajoutant simplement que, lui, il s'agiterait, que le travail c'était beau et qu'il renforcerait l'identité nationale.

Quant à ceux qui se cramponnent aux catégories marxistes d'autrefois, ils sont condamnés à développer des politiques littéralement sectaires, c'est-à-dire s'adressant uniquement aux secteurs sociaux pour lesquels elles sont pertinentes. Chaque fragment de l'électorat devient une niche commerciale à défendre férocement contre la concurrence.

La concurrence, c'est en l'espèce celle du Front national, qui s'adresse à toutes les rancœurs, frustrations et désespérances, à toutes les victimes des fractures qui viennent d'être décrites. D'où le caractère hétéroclite de son électorat – un caractère hétéroclite encore limité jusqu'à il y a peu par sa sinistre réputation passée, celle d'un parti antisémite, nostalgique du régime de Vichy, de la Collaboration et de l'Algérie française, puisque telle était la vision du fondateur Jean-Marie Le Pen, en passe de tomber dans les oubliettes. De là aussi le bizarre mélange de chapitres « de droite » et « de gauche » de son programme.

Le Front de gauche n'est pas sur des positions tellement différentes, bien que la correction politique interdise de le dire, si bien que ses dirigeants, Mélenchon en tête, ne comprennent pas pourquoi, disant plus ou moins la même chose, ils n'obtiennent pas le même succès.

Les réactions au populisme des partis « installés » ont été constamment inopérantes.

La première réponse fut (et souvent demeure) la négation.

On a fait comme si de rien n'était, comme s'il ne s'agissait que d'un retour malodorant du passé, des nostalgiques de Vichy et de la colonisation, avec, à la tête du mouvement, Le Pen père et quelques nervis.

Le mal enflant, on a fait l'autruche : il ne fallait surtout pas discuter les idées populistes ni même les laisser s'exprimer. C'est tout juste si les médias n'interdisaient pas de parole les leaders populistes.

Quand il ne fut plus possible de ne pas voir, on a diabolisé, comme prélude à une cérémonie d'exorcisme pour chasser les démons du corps électoral possédé.

De fil en aiguille, le parti inexistant des citoyens invisibles s'est consolidé, organisé, a développé son implantation et surtout a continué à attirer à lui tous ceux dont les plaintes et les demandes n'étaient prises en compte par personne.

D'autres réponses ont alors surgi.

Corrélative de la diabolisation, il y a l'autoglorification : on se drape dans la dignité et l'honorabilité de « partis républicains ». Sauf que de nombreuses affaires de corruption et de malversations ont mis à mal cette honorabilité, à gauche comme à droite.

À droite, on a essayé le caméléonisme, c'est-à-dire d'emprunter au populisme ses idées pour attirer sa clientèle. Telles furent la politique de Berlusconi en Italie et celle de Sarkozy en France. Pour récupérer l'électorat populiste, il fallait récupérer l'identité nationale, la pureté de la nation, la jactance cocardière, l'anti-européisme. Sauf que, tant qu'à choisir, l'électeur préfère en général l'original à la copie.

La réponse affective a consisté à reprendre les thèmes émotionnels du populisme. La gauche s'est

LE FAIT DU POPULISME

donc engagée pour les pauvres, ceux qui souffrent, les
laissés-pour-compte – elle a plongé dans la sollicitude,
la bienveillance et, pour que ça fasse encore mieux, le
care américain, dont il sera question au chapitre 4. La
droite, elle, s'est concentrée sur le travail, l'accomplis-
sement de soi, la responsabilité.

On a surtout cherché des réponses tacticiennes au
défi populiste : alliances locales momentanées, promesses ou menaces d'instaurer le suffrage propor-
tionnel, ou de donner le droit de vote aux immigrés
et, pour finir, invention de primaires pour préparer
les élections à gauche comme à droite et éviter la dis-
persion des candidatures. L'élection présidentielle à
deux tours est ainsi devenue, grand progrès, une élection à quatre tours.

En fait, exactement comme pour le défi qu'introduit
le terrorisme fondamentaliste, le succès du populisme
commande qu'on envisage autrement la démocratie.

D'abord en acceptant qu'il puisse y avoir des extrémismes de droite comme il y en a de gauche.

Les extrémismes de gauche ont joui, continuent à
jouir un peu partout, mais en particulier en France,
d'une belle tolérance et d'une belle reconnaissance
marquée le plus souvent par de superbes primes dans
les alliances électorales. Europe Écologie-Les Verts,
qui fait entre 5 et 8 % des votes aux élections (c'est-
à-dire entre 3 et 5 % du corps électoral au mieux)

dispose ainsi de 12 sièges de sénateurs et de 18 représentants à la Chambre des députés, généreusement offerts par ses alliés socialistes, alors que le Front national a 2 députés pour 18 % des voix…

On ne voit pas en quoi il serait moins idiot de dire des sottises de gauche ou des sottises écolos que de dire des sottises de droite. À partir du moment où un parti respecte les lois, il a le droit, comme les autres, de s'exprimer. On voit néanmoins réapparaître périodiquement des « demandes d'interdiction » du Front national.

La conséquence électorale est évidente : à partir du moment où les idées respectent la Constitution, elles ont droit à la représentation.

En d'autres termes, le scrutin majoritaire tel qu'il existe actuellement n'est pas acceptable. Qui peut admettre que plus de 15 % du corps électoral en France (les inscrits, pas les votants !) doivent rester indéfiniment exclus de toute représentation. On a parfois l'impression que les politiciens en place attendent que les électeurs et sympathisants du Front national se fatiguent et retournent d'eux-mêmes vers les partis traditionnels comme des brebis égarées.

Pour refuser le scrutin à la proportionnelle, on évoque, au nom du gaullisme et de la Ve République venue mettre fin aux combines d'une IVe République honnie, la nécessité de construire des majorités stables.

Un peu de bon sens suggère que c'est aux hommes politiques et aux partis de passer des alliances de gouvernement appuyées sur des majorités stables, à eux donc d'être raisonnables ; pas au peuple de produire, contraint et forcé, les majorités impeccables qui leur conviennent parce qu'une partie de l'électorat a été réduite au silence !

Les coalitions de gouvernement, ça s'imagine, ça se négocie, ça se construit et ça se scelle, comme on le voit lors de la constitution des gouvernements de coalition en Allemagne, qui prend quelque chose comme deux bons mois ! Il faut donc instituer la représentation proportionnelle en tout ou en partie et procéder à une réforme électorale de fond.

Autre conséquence à tirer : un certain nombre de revendications ne peuvent pas être automatiquement catégorisées de droite ou de gauche.

La non-congruence des fractures sociales entraîne l'impossibilité de partages idéologiques clairs sur beaucoup de questions.

La demande d'une réelle égalité des chances face à la pseudo-méritocratie et à l'oligarchie des réseaux qui confisquent les pouvoirs économique et politique est aussi bien de droite que de gauche et aussi bien de gauche que de droite.

La valeur travail est aussi bien de gauche que de droite et on ne comprend pas par quelle aberration la gauche a trouvé le moyen d'abandonner un de ses thèmes les plus honorables pour faire siennes les pleurnicheries sur le travail qui ne produirait que de la souffrance.

La critique de la bureaucratie qui prospère en même temps que l'État-guichet et l'État-contrôleur est aussi bien de gauche que de droite.

La question d'une éducation à la hauteur du monde contemporain n'est ni de droite ni de gauche.

Pas plus que celle de la tolérance qu'on doit ou non apporter aux religions intolérantes.

Un certain nombre de valeurs réputées « libérales » sont aussi bien de gauche que de droite et il ne serait pas plus mal de se souvenir que le terme « libéralisme » a d'abord été de gauche.

De même, le sujet de l'accueil de nouveaux réfugiés ne peut pas être tabou à un moment où le système de traitement des demandes d'asile explose parce qu'il a été conçu et organisé pour des demandeurs d'asile politique au sens fort et pas pour des victimes de pénurie, de sous-développement économique ou des réfugiés de guerre par centaines de milliers.

De même, il ne peut pas être tabou de s'interroger sur les principes du regroupement familial. Conçu dans les années 1970 pour soulager la misère des immigrés coupés de leurs familles et pour favoriser, croyait-on, l'intégration en la rendant familiale, le regroupement familial a largement échoué. Il amène régulièrement en France des personnes figées dans leur identité d'origine, dans leurs pratiques religieuses et leurs usages, y compris quand ceux-ci s'opposent directement aux lois (polygamie, excision).

Toutes ces questions peuvent être d'autant moins évitées que des mouvements migratoires de masse sont en cours, aussi bien en raison de conflits militaires dévastateurs que parce qu'ils sont utilisés comme des armes ou des moyens de pression par des pays tampons comme la Libye, la Turquie, la Serbie et la Grèce. Bien que ce ne soit pas chose correcte à révéler, alors que c'est la stricte vérité, le ministre grec de la Défense du gouvernement Tsipras en Grèce, un populiste de droite bon teint (compte tenu des alliances électorales passées par Syriza !), a menacé lors de la crise avec l'Union européenne, de laisser passer 500 000 réfugiés sans-papiers dans l'espace Schengen. Depuis la marche verte organisée par Hassan II, roi du Maroc, en 1975 pour récupérer le Sahara occidental, on sait que l'invasion pacifique massive peut remplacer l'invasion violente.

Il en va de même pour des questions apparemment moins brûlantes et moins chargées de passion mais encore plus graves, comme celles posées par la gouvernance européenne.

Celle-ci est à l'évidence a-démocratique et bureaucratique, aux mains de technocrates désignés par les gouvernements sur des bases de marchandages politiques obscurs. Ce n'est pas être antieuropéen que d'aborder le problème sans pour autant tomber dans les caricatures populistes d'une Europe soumise aux banquiers néolibéraux.

Pareillement, encore, en ce qui concerne l'éducation.

Le désastre, aussi bien au plan des résultats que du gâchis des moyens, d'une éducation nationale qui dysfonctionne de bas en haut, du primaire à l'université, doit faire l'objet d'une étude lucide et pas de slogans qui, pour les uns, se résume à « Non à l'élitisme » et, pour les autres, à « Du latin pour tous ».

L'idée qui est ici défendue est celle d'une démocratie fonctionnant de manière non partisane avec la conscience que de nombreux problèmes ne peuvent pas être traités idéologiquement, mais requièrent des accords ou des pactes de gouvernement entre des familles politiques qui peuvent être par ailleurs opposées sur d'autres questions. L'éducation, la sécurité, la solidarité générationnelle, les politiques de santé, le contrôle des extrémismes religieux doivent faire l'objet de pactes de cette sorte.

Le terme de « pacte » signifie que des accords détaillés sont passés pour une durée définie sur des engagements précis et concrets et ne seront pas remis en cause à la première crise politique ou échéance électorale mineure venue.

Il n'y a rien de plus illusoire, en revanche, que les appels périodiques à des gouvernements d'union ou à l'union nationale. Les effets « Je suis Charlie » sont illusoires. En revanche, un pacte sur la liberté d'expression et de conscience aurait eu du sens, y compris venant de ceux qui auraient refusé d'y souscrire et auraient ainsi clairement montré quel camp ils choisissaient.

Il faut en finir avec les tables de la loi de l'appartenance gauche/droite et se demander seulement si certaines revendications et les arbitrages pour leur répondre peuvent être placés sous le signe d'un ordre juste, répartissant équitablement contributions et bénéfices.

En 2007, au début de sa campagne présidentielle, Ségolène Royal avait mis sa candidature sous le signe d'un « ordre juste » – sans prendre une minute de plus pour donner de la substance à ce concept et en choisissant vite à sa place le slogan populiste de « démocratie participative ». Bel exemple de déni de la réalité, qui, de toute manière, ne sert à rien. Les citoyens n'ont pas forcément l'obsession de donner leur avis sur tout – ils voudraient juste être entendus sur ce qu'ils ont à dire.

Ce qui fait défaut aujourd'hui à tous les programmes politiques, c'est précisément une réflexion sur la justice avec l'accompagnement d'une perception lucide du réel.

Car si les hommes naissent égaux en droit, ils ne sont égaux ni naturellement ni socialement. Ils naissent dans des conditions différentes avec des dons ou des handicaps différents. Ils trouvent plus ou moins de chances au départ et ils rencontreront d'autres inégalités tout au long de leur vie, avec ses heurs et malheurs, avec ses accidents et ses heureux hasards. La justice consiste à faire en sorte que les contributions et les rétributions soient partagées selon l'inégalité des situations et des destins, selon les besoins de la communauté et la nature des biens à répartir.

S'il y a une notion qui fut bien étudiée et élaborée dans la pensée économique et philosophique de la seconde moitié du XXe siècle, c'est bien la notion de la justice. Il suffirait de s'en inspirer.

Il serait aussi ironique que grave que le populisme en vînt à s'emparer un jour prochain de ce thème de la justice – c'est pourtant ce qui nous pend au nez.

3

Le fait de la *Realpolitik*

En politique internationale, nous continuons à nous laisser bercer par les illusions des années 1990.

La fin de l'histoire fut au cœur de ces illusions.

C'en était fini de ses drames, de ses injustices, de son irrationalité. Hegel avait enfin raison. Il n'était même plus besoin que l'on vît passer Napoléon sur son cheval : Gorbatchev était tombé du sien.

La fin de l'empire soviétique et de la guerre froide fut la première bonne nouvelle. Maintenant que l'empire avait éclaté, les nations opprimées allaient revivre. Le péril nucléaire disparaissait. On allait pouvoir désarmer et cesser la course aux armements avec ses coûts extravagants et ses risques démesurés.

Cette fin du face-à-face bipolaire glacé ouvrait sur un monde multipolaire radieux qui allait être paisiblement organisé par le commerce et pacifié par la justice internationale. On entrait dans l'État cosmopolitique.

D'un côté, l'Organisation mondiale du commerce (OMC). De l'autre, la Cour pénale internationale (CPI).

L'OMC, anticipée par les négociations du GATT, fut créée en 1994. Quant à la CPI, instituée en 1998, elle réalisait le rêve de tout juriste : la compétence universelle, ou presque. Le juge Garzon faisait arrêter en Angleterre l'ex-dictateur chilien Pinochet venu y faire sans se méfier un séjour de tourisme médical.

La mondialisation en marche s'annonçait heureuse. La construction de l'Europe se poursuivait. Le traité de Maastricht de 1995 établissait le calendrier d'une union monétaire qui verrait le jour avec l'euro en 2002. Les étapes d'élargissement se succédaient. Autriche, Finlande, Suède étaient venues rejoindre les 12 en 1995 (traité de Corfou). En 2004, Chypre, Malte, la Pologne, la Slovaquie ex-Tchécoslovaquie, la Lituanie, la Lettonie, l'Estonie, la Hongrie, la Slovénie rejoignaient l'Union européenne. Il était question de l'entrée un jour proche de la Turquie et de celle des pays limitrophes de la Russie. La Russie, un jour ? Pourquoi pas !

Par-dessus tout, on entrevoyait le triomphe de la démocratie.

Elle avait finalement prévalu contre le totalitarisme dans les pays de l'ex-Union soviétique ; elle finirait bien par faire son chemin en Chine malgré le bond en arrière de Tian'anmen en 1989, et partout ailleurs. Les nations démocratiques allaient porter son flambeau. On sait ce qu'il en advint en Irak...

Sur tous ces points, le réveil est rude et nous dormons encore debout.

L'ordre heureux de la mondialisation par le commerce ? Peut-être, mais à condition d'oublier les krachs à répétition du système financier mondial et les krachs et défauts de paiement locaux. Chaque fois le système se remet... jusqu'à la prochaine fois, et le monde vit sur une méga-bulle de dettes.

L'accession des pays de l'ex-bloc soviétique à la démocratie ?

Ceux qui avaient été opprimés de manière récente (Hongrie, Pologne, Pays baltes, Tchécoslovaquie) ont réussi leur retour à la démocratie, pas les marches de l'empire soviétique (Biélorussie, Ukraine) ni les pays du Caucase ou d'Asie centrale. Les pays enclavés et composites comme l'ex-Yougoslavie ont éclaté et sombré dans la guerre civile dès les années 1990, jetant une première ombre sur l'optimisme – mais on pensait que les interventions internationales ramèneraient partout la paix : on parlait de droit d'ingérence et même de « guerres justes ».

La Russie a cherché son chemin vers la démocratie sans le trouver. Elle a d'abord suivi la voie des oligarques empochant les privatisations, celle de la corruption et des mafias ; puis, avec une poigne toute soviétique, Vladimir Poutine a entrepris, à partir de 2000, de reconstituer l'empire perdu avec habileté, cynisme et sang-froid.

La conscience heureuse des démocraties qu'on appelle occidentales – et qui sont en fait toutes des membres de l'OTAN – a volé en éclats sous les agressions terroristes.

Al-Qaïda et ses diverses branches ont répondu par la guerre asymétrique aux engagements militaires des démocraties hors de leur territoire.

Le moment-tournant fut évidemment le grand spectacle de la destruction des Twin Towers de New York le 11 septembre 2001, en réponse à l'engagement américain en Afghanistan et plus lointainement en Irak lors de la première guerre de 1990. Mais il ne faut pas oublier les attentats meurtriers de Madrid-Atocha en 2004, les attentats dans le métro de Londres en 2005, les actes de terrorisme en France.

Au Moyen-Orient, l'impérialisme teinté de bonne conscience démocratique et le désir de vengeance contre Al-Qaïda firent choisir à Bush Jr en 2003 l'Afghanistan et surtout l'Irak et son dictateur Saddam Hussein comme premiers objectifs de conquête démocratique.

Le résultat fut un immense chaos après une victoire illusoire, des pertes humaines et des destructions énormes, la guerre contre l'envahisseur d'abord puis la guerre civile entre les populations. Cet immense chaos est devenu, douze ans après le début de l'aventure, un effroyable gâchis humain, financier et infrastructurel.

Le gâchis s'est étendu aux pays voisins – la Syrie, le Yémen –, avec l'émergence de nouveaux groupes terroristes et le développement du fondamentalisme religieux.

En dépit de ces « réussites » spectaculaires qui auraient dû les faire réfléchir, les démocrates bien-pensants ont salué avec exaltation les « printemps arabes » d'après 2010, qui ont vu l'Égypte se libérer de la dictature de Moubarak, la Tunisie se libérer de celle de Ben Ali et la Libye de celle d'un des doyens des dictateurs du monde, le colonel Kadhafi, en place depuis 1969 (seul Castro lui disputait la palme !).

Les opinions publiques saluèrent avec enthousiasme ces libérations : c'était mai 1968 retrouvé, la révolution portugaise des Œillets ressuscitée, le printemps des peuples.

Le bhlisme, du nom de Bernard-Henri Lévy, cinéaste, homme d'affaires et essayiste français, résume cet activisme démocratique qui entend libérer les peuples de leurs chaînes en pensant qu'ils pourront se transformer par magie en démocraties policées sans tenir compte des traditions tribales séculaires, sans souci des mosaïques ethniques et religieuses dont sont constituées ces nations opprimées, et en considérant comme quantités négligeables les religions et notamment l'islam sunnite, dont la faiblesse est bien connue...

Les résultats ont été à la hauteur des espoirs – en négatif.

L'Irak et la Syrie sont dévastés par les affrontements entre chiites et sunnites, entre baasistes et démocrates, par les violences des groupes terroristes islamistes, par les dissidences ethniques régionales comme celle des Kurdes.

La Tunisie s'est libérée de Ben Ali, mais les islamistes d'Ennahdha, après être arrivés démocratiquement au pouvoir, ont entrepris d'étendre leur emprise religieuse sur la société sans se méfier de la montée d'une aile salafiste encore plus radicale. Après une démonstration d'incompétence, ils ont dû de nouveau partager le pouvoir avec les démocrates, mais l'équilibre est précaire, le pays ruiné et les groupes terroristes venus de Libye ou d'Algérie ont étouffé l'économie en faisant fuir les touristes.

La situation en Égypte a évolué de manière différente : Moubarak détrôné, le désordre post-révolutionnaire a régné jusqu'à ce que le parti des Frères musulmans arrive démocratiquement au pouvoir et commence à réaliser son programme d'islamisation. Cette fois, c'est le coup de force militaire du général Sissi qui a, non pas rétabli la démocratie, mais fait revenir le pays à la case de départ – la case Moubarak.

La Libye est en plein chaos. S'y affrontent tribus, partis et groupes terroristes. La situation d'anarchie favorise le départ vers les pays d'Europe de flots de réfugiés en provenance du Moyen-Orient, de la Corne de l'Afrique ou de l'Afrique subsaharienne. Elle favorise aussi les infiltrations de terroristes et de combattants islamistes fondamentalistes vers la Tunisie et l'Algérie, certains faisant allégeance à Al-Qaïda, mais plus encore à l'État islamique (Isis ou Daech), installé en Irak, en Syrie et en Libye même.

Face à un tel champ de ruines, on en vient à se féliciter que l'Algérie étouffe toujours sous la chape du pouvoir militaire corrompu – pour quelque temps encore, mais pas trop, compte tenu de la poussée islamiste. Et on ne regrette pas que le Maroc échappe aux troubles sous la poigne bienveillante de Mohammed VI, dont les démocrates européens ne cessent pourtant de demander le départ au nom de la liberté.

Pour ne rien oublier, la Chine poursuit sa propre évolution sous le contrôle strict du parti communiste qui ne libéralise guère le régime. Tian'anmen n'a jamais existé et le Tibet, connais pas.

En ce qui concerne la seconde face de cette vision d'un avenir radieux, l'avènement d'un ordre juridique cosmopolite, les belles promesses n'ont pas été tenues, par défaut, et par excès aussi bien.

Un système juridique international a commencé de se mettre en place avec l'instauration d'une Cour pénale internationale, composée de juges en provenance des États qui ont adhéré au traité constitutif de l'organisation de 1998.
À ceci près que, d'entrée de jeu, les pays majeurs souvent impliqués par leur importance même dans des conflits meurtriers ont refusé de ratifier cette institution : les États-Unis, la Russie, la Chine, l'Inde, le Pakistan, la Turquie et l'Iran. Il faut excuser du peu ! D'autres pays n'ont pas ratifié le statut non plus : Irak, Kazakhstan, Syrie, Arabie Saoudite, Égypte, Liban,

Algérie, Israël, Maroc, Zimbabwe, Somalie, Soudan, les deux Corées.

Il leur fallait se protéger d'éventuelles poursuites et notamment protéger leurs responsables militaires.

Il faut dire que les pouvoirs de la CPI sont importants, même s'ils sont limités aux crimes les plus graves (génocide, crimes contre l'humanité, crimes de guerre). Surtout, la marge d'appréciation de la Cour dans la définition desdits crimes est très étendue – par exemple la torture est réputée punissable sans qu'elle soit clairement définie par l'article 7 du traité de Rome.

La Cour pénale internationale n'a donc été saisie que d'un nombre limité de cas au cours de conflits récents, comme ceux de l'ex-Yougoslavie ou de génocides africains (Liberia, Sierra Leone, Côte d'Ivoire). Ce sont finalement des perdants qui ont été jugés (comme le président serbe Milosevic) et plus souvent encore du menu fretin, comme par hasard africain…

Il faut ajouter que la CPI pèche non seulement par manque de possibilités d'intervention sur la plupart des conflits importants quand les protagonistes ont pris soin de se soustraire à elle, mais aussi par la nature opaque de sa constitution. Les juges qui y siègent sont de hauts fonctionnaires en principe compétents (mais sans qu'on en ait de garantie), et leur désignation relève du marchandage entre pays. Aucune règle précise ne définit leurs conditions de recrutement non plus que leur comportement professionnel. Un certain nombre d'affaires délicates (Luis Moreno Ocampo en 2006, par exemple) ont confirmé ces risques.

Si l'on revient plus près de nous à l'environnement européen, l'optimisme avec lequel se développait le projet d'Union européenne a fait long feu.

Le traité de Maastricht de 1994, ratifié en 1995, a bien présidé à la mise en place de l'euro, mais la convergence des politiques économiques n'a pas suivi.

Des « accidents » économiques graves ont affecté l'Irlande et Chypre, et il a fallu imposer des programmes drastiques d'austérité au Portugal, à l'Espagne et à la Grèce. L'Italie est toujours dans une zone critique et la France tout autant : à l'abri de l'euro mais grevées par des déficits budgétaires considérables et des endettements colossaux.

Le pré-projet de Constitution européenne de 2005 a connu des débuts difficiles et fut refusé en France et aux Pays-Bas. Après quelques tours de passe-passe techniques, la Constitution revint en douce sous forme de traité de Lisbonne en décembre 2007.

Les initiateurs de l'Europe des Six étaient guidés par un petit nombre de principes – la paix durable sur le continent européen, l'union économique comme préalable et base de l'union politique, un axe franco-allemand fort.

L'essayiste anglais Horace Walpole imagina au XVIIIe siècle le pays de Serendip, dont les habitants ont la chance de tout trouver sans l'avoir cherché. La construction européenne depuis la fin des années 1990, c'est le pays de Serendip : on y prend des décisions dont on ne prévoit pas les résultats et dont on gère ensuite des effets qu'on n'avait pas recherchés.

Ainsi, on a voulu l'élargissement rapide de l'Europe à l'Est du côté de l'ex-bloc soviétique pour découvrir avec surprise que cette « nouvelle Europe », qui avait connu cinquante ans d'oppression communiste pendant que l'Europe des Six vivait benoîtement la croissance des Trente Glorieuses de l'autre côté du rideau de fer, n'avait ni les mêmes objectifs internationaux ni la même attitude vis-à-vis de l'État-providence.

On a voulu un euro fort, puis on s'est aperçu qu'il était trop fort et handicapait les exportations.

On a voulu un pacte de stabilité financière pour que les États respectent un minimum de politique économique commune notamment en matière de déficits publics, mais on l'a vite trouvé trop contraignant et beaucoup d'États, à commencer par la France, mais pas seulement elle, ont pris leurs aises avec le pacte au nom des crises financières, des krachs bancaires, des nécessités de la relance et de la croissance, quand ils ne manipulaient pas leurs comptes comme la Grèce ou l'Italie. On s'est donc résolu à assouplir les fameux critères de Maastricht – jusqu'au moment où la Grèce s'est trouvée en situation de faillite.

Face aux flux migratoires durablement incontrôlables, la libre circulation entre pays du groupe des accords de Schengen est devenue intenable, mais personne n'arrive à se mettre d'accord sur une solution de protection contre les flux et les trafics et d'accueil des « migrants ».

En fait, l'Europe dite des États-nations n'est ni un empire (malgré les accusations régulièrement portées contre la domination allemande) ni une fédération.

C'est une construction hybride, tiraillée entre des politiques nationales égoïstes soumises aux aléas périodiques des élections intérieures, des communautés d'intérêt et des particularismes historiques profonds et anciens (on veut ignorer les différences énormes qui subsistent entre les systèmes de santé, les systèmes de pension et de retraite, les systèmes fiscaux qui, loin de converger, favorisent la concurrence).

Pour faire tenir tout ça ensemble, on a empilé les organismes : un Conseil de l'Union européenne réunissant les ministres des États membres pour des décisions législatives, un Parlement européen issu d'élections à la proportionnelle, qui a progressivement accru ses prérogatives mais ne décide rien d'important, un Conseil européen des chefs d'État où se décident entre vieux crocodiles de la politique des ajustements gouvernés par les intérêts nationaux, une Commission européenne désignée après des marchandages de maquignons entre gouvernements plaçant leurs pions et recyclant leur personnel politique, une Cour européenne de justice à Luxembourg, une Cour européenne des droits de l'homme à Strasbourg qui s'est autonomisée jusqu'à ne plus être responsable devant personne et qui prétend à une compétence quasiment universelle, une Banque centrale européenne supposée indépendante. Pour faire bonne mesure on a ajouté un président, un ministre des Affaires étrangères, un ministre de l'Économie et un responsable de la sécurité – en attendant plus.

Les derniers développements de la crise économique grecque – en attendant les prochains – ont montré que, malgré tout ça, on ne savait pas comment résoudre les crises graves ni surtout avec qui et à quel niveau le faire. D'où la dernière idée d'un parlement économique et d'un mini-gouvernement économique avec son budget propre. Comme s'il suffisait d'empiler les assiettes pour faire la vaisselle…

Résultat prévisible, mais rendu aujourd'hui patent par la crise grecque et celle des migrants, cela fonctionne tant bien que mal et plutôt mal que bien sans que se dégagent les lignes fortes d'une politique européenne dans des domaines aussi vitaux que la diplomatie, l'immigration, la recherche, la défense et l'économie.

Sans surprise, les citoyens, dépassés par la complexité du fonctionnement, traités comme partie négligeable par les technocrates, court-circuités par les instances empilées, se sont désintéressés d'un jeu hermétique et font des élections au Parlement européen un prolongement de la vie politique nationale. Avec la complicité des hommes politiques, ils ont surtout pris l'habitude de voir l'Union européenne comme un bouc émissaire auquel imputer la responsabilité de tout ce qui ne va pas. De fil en aiguille, l'Union européenne se retrouve n'avoir pour assise que quelques partis proeuropéens, sa technocratie (il est vrai puissante) et une Commission européenne dont le président est, pour l'heure, un sympathique ivrogne qui a fait ses preuves à la tête du paradis fiscal luxembourgeois.

Dans tous les domaines de la politique internationale, l'heure est donc au réveil – au retour du réel.

Ce retour ne peut avoir pour nom que *Realpolitik*.

Qu'est-ce que la *Realpolitik* ?

L'expression date du milieu du XIXᵉ siècle. Elle fut introduite alors par un libéral, Ludwig von Rochau, qui publia en 1853 un livre intitulé *Principes de la Realpolitik appliquée à la présente situation allemande* (*Grundsätze der Realpolitik, angewendet auf die staatlichen Zustände Deutschlands*). Après l'échec des révolutions de 1848, révolutions inspirées par des principes justes mais finalement détournées de leur sens ou anéanties par la répression, il fallait s'interroger sur la relation entre éthique des causes justes et réalisations effectives et découvrir le réalisme : « L'étude des forces qui donnent forme à l'État, le maintiennent et l'altèrent est la base de toute perception politique et mène à comprendre que la loi de la force gouverne le monde des États comme la loi de la gravitation gouverne le monde physique. »

L'erreur des libéraux (au sens du XIXᵉ, il vaut mieux le préciser !) fut de croire que la force s'effondrerait uniquement parce qu'elle était injuste.

La *Realpolitik* s'oppose à l'idéalisme.

Elle va d'une appréhension lucide des rapports de force au cynisme assumé.

L'idéalisme oscille, lui, entre une version modérée envisageant une politique internationale dont les acteurs étatiques visent à constituer une « société des nations » – dans la lignée de Grotius, pour mettre un nom sur cette représentation – et un idéalisme messianique envisageant un monde cosmopolitique où ce ne sont pas les États qui ont le rôle principal mais l'humanité tout entière – dans la lignée, cette fois, de Kant.

Le débat entre réalisme et idéalisme a traditionnellement opposé les machiavéliens partisans de la raison d'État aux avocats du droit international et de la « loi des nations ». Il se complique avec l'apparition, à la fin du XVIIIᵉ siècle, de la vision cosmopolitique qui peut prendre une forme théorique comme chez Kant, ou celle du messianisme révolutionnaire – celui des guerres de libération sans frontières (« le genre humain », « les damnés de la terre »), des guerres justes ou de l'ingérence humanitaire. Il se complique encore après les abominations des deux guerres mondiales du XXᵉ siècle auxquelles répondent projets pacifistes et humanitaires, institutions internationales comme la Société des Nations, puis les Nations unies, et tribunaux jugeant les crimes contre l'humanité au nom des droits universels de l'homme.

Le débat mêle inextricablement questions d'ordre nomologique et déontologique – doit-on se comporter réalistement ou idéalistement en politique et notamment en politique internationale ? – et questions de description et de fait – le réalisme ou l'idéalisme décrivent-ils adéquatement ce qui se passe et les conséquences de ce qui se passe ?

Chaque fois on procède à la description de situations, on pose des principes (éthiques ou d'une autre nature, par exemple d'efficacité) plus ou moins incon-ditionnels et on s'efforce ensuite de vérifier les effets des actions par une description des situations produites.

Que ce soit dans une optique réaliste ou idéaliste, les prescriptions normatives (les « principes ») doivent s'appuyer sur des éléments de description de la réa-lité si on veut dépasser les affirmations vagues comme quoi il faut être humain et pacifique ou, au contraire, réaliste et pragmatique[1].

De ce point de vue, l'idéalisme modéré du droit international, dans la lignée de Grotius, repose sur un appareil théorique (exposé par exemple dans les Prolégomènes du *De jure belli ac pacis* de 1625) défi-nissant l'ensemble des agents de la politique natio-nale et internationale, leur essence et la loi naturelle à laquelle ils sont soumis.

Il existe des États dirigés par des personnes rai-sonnables cherchant à accomplir la fin de ces États

---

1. La fameuse et inépuisable discussion philosophique sur la rela-tion entre être et devoir-être (le problème *is/ought* dans la termino-logie consacrée tirée de Hume) et l'impossible passage de l'un à l'autre sont ici au cœur du débat.

Elle se présente sous un jour moins décourageant quand on reconnaît qu'il n'y a de prescriptions (*ought*) que sur le fond de des-criptions (*is*). Même un commandement aussi simple que « Soyez humain ! » suppose que l'on sache qu'il y a des humains, que l'on sache les reconnaître et qu'on peut leur appliquer le principe.

Cette approche *is/ought* vaut à propos du réalisme ou de l'idéa-lisme politiques : les principes de l'un comme de l'autre n'ont aucun sens si on ne les articule pas chaque fois à des descriptions de la réalité permettant de leur donner un minimum de pertinence en les faisant mordre sur les faits.

(la sécurité et la prospérité du *Commonwealth*). Ces États peuvent être considérés eux-mêmes comme des personnes volontaires et raisonnables en vertu du concept de leur souveraineté. Comme les êtres humains, ils sont soumis aux principes de la loi naturelle, notamment la recherche de leur intérêt mais aussi la bonne entente avec les autres États (sociabilité inter-étatique). Comme il n'y a pas d'arbitre supérieur au-dessus de ces personnes-États, ils sont entre eux en état de guerre et de concurrence, mais entendent aussi passer des accords, des pactes et des contrats pour parvenir au mieux à leurs fins dans le cadre de leur fin supérieure (le *Commonwealth*). On a affaire à une situation à la fois de conflit et de coopération. La perspective d'un monde international formant une société des nations est donc une vue raisonnable. Le droit international prend en compte cette situation à deux faces en définissant un droit à la guerre (le droit de faire la guerre, *jus in bellum*), un droit de la guerre (régissant le comportement des belligérants, *jus in bello*) et un droit des pactes, traités, ententes, coopérations.

Derrière l'idéalisme de la position, il y a donc un paradigme cohérent de description du monde humain à toutes ses échelles – individus animés de désir, mais doués aussi de raison et capables de calculer tout en prenant en compte la loi naturelle pensée soit comme loi de Moïse, soit comme loi de la nature humaine anthropologique ; États qui reproduisent au niveau collectif les caractéristiques de l'individu.

L'idéalisme kantien est beaucoup plus radical, puisqu'il envisage une paix perpétuelle dans un monde cosmopolitique réalisant les fins morales de l'humanité.

Ce sont toujours des États qui sont parties prenantes de ce projet, mais ces États ne veulent la paix que parce que ce sont des républiques.

Ce n'est pas ici le lieu d'exposer par quelle ruse de la finalité naturelle une paix perpétuelle est envisageable entre des individus pourtant insociables (« l'insociable sociabilité » de l'homme dont parle Kant dans son opuscule de 1784 *L'Idée d'une histoire universelle du point de vue cosmopolitique*), mais il faut s'arrêter sur la nature républicaine des États indispensable à cette réalisation[1]. Car la constitution républicaine (ce qui est appelé chez les prédécesseurs de Kant *Res publica*) est seule compatible avec « 1° la liberté qui doit appartenir à tous les membres d'une société en leur qualité d'hommes, 2° l'égale soumission de tous à une législation commune comme sujets, 3°, enfin, avec le droit d'égalité qui appartient à tous et à chacun comme membre de l'État ».

En d'autres termes, le philosophe reconduit au plan des relations internationales les conditions de son

---

1. Kant distingue en effet les États sous deux chapitres : du point de vue de la forme d'exercice du pouvoir (*forma imperii*) – pouvoir exercé par un, plusieurs ou tous : respectivement autocratie, aristocratie et démocratie –, du point de vue de la forme du gouvernement (*forma regiminis*) qui est la forme constitutionnelle par laquelle une multitude devient peuple – et sous ce chapitre il n'y a que deux formes, la constitution républicaine, avec séparation des pouvoirs et représentation, et le despotisme, où il y a confusion. La démocratie est ainsi rangée dans le despotisme.

éthique de la loi morale universelle. C'est un paradigme moraliste qui fonde les prescriptions messianiques du cosmopolitisme et de la paix perpétuelle. Ce ne sont pas les États qui décident d'être vertueux, mais ils le sont parce que leur constitution les produit tels à partir de la nature éthique des individus qui les font vivre.

Il y a là une élaboration purement « théorique », mais la date de 1784 pour l'opuscule *L'Idée d'une histoire universelle du point de vue cosmopolitique* ne peut pas ne pas mettre la puce à l'oreille : le programme « utopique » de 1784 est celui-là même qu'entreprendront de réaliser moins de dix ans plus tard les « soldats de l'an II » révolutionnaires de la Constituante, de la Convention puis du bonapartisme. Martin Wight[1] regroupait d'ailleurs sous la bannière de Kant « les subversifs, les libérateurs et les missionnaires », en prenant comme illustrations la Réforme protestante, les révolutionnaires français et les communistes internationalistes. C'est dire jusqu'où peut mener l'idéalisme radical...

Le réalisme politique suppose, exactement de la même manière, une description de la réalité. Il s'appuie sur une grille d'analyse en reconnaissant, par exemple, que le système des relations internationales est foncièrement anarchique en l'absence d'un acteur-arbitre supérieur (dont l'Organisation des Nations unies pourrait cependant constituer une approximation), que les

---

1. Martin Wight, *International Theory, The Three Traditions*, Leicester, Leicester University Press, 1991.

acteurs les plus importants sont les États (mais il y a d'autres acteurs non étatiques, comme les groupes religieux, les multinationales, les mafias, les ONG, etc.), que les États poursuivent d'abord leur intérêt en adoptant un comportement le plus souvent rationnel du point de vue de cet intérêt, etc. Chaque État doit, dans ces conditions, suivre son intérêt propre et la question de la moralité des comportements ne se pose pas.

Sous cette conceptualisation, la situation actuelle est plus facile à appréhender.

On constate que l'idéalisme politique contemporain dominant – sous la version qu'en donnent certaines figures mondaines, les « organisations non gouvernementales » (ONG), ou les juristes militant en faveur d'un ordre cosmopolitique – est soit caricatural, soit léger, soit formel, mais qu'il relève chaque fois en son fond de l'idéalisme kantien en le teintant non pas de rationalité mais de bienveillance.

La version caricaturale est celle qu'on pourrait appeler du bhlisme ou du kouchnerisme, du nom de Bernard-Henri Lévy, l'essayiste déjà cité, et de Bernard Kouchner, médecin humanitaire, ancien ministre et consultant, qui ont réussi à vendre leurs idées à trois, voire quatre présidents de la République française, de Mitterrand à Hollande en passant par Sarkozy et même Chirac.

Version caricaturale, dis-je, car le bhlisme et le kouchnerisme décrivent peu les situations auxquelles ils veulent qu'on applique leurs principes, mais les schématisent et les noient dans le pathos.

Une crise est vue comme un combat entre bons et méchants, avec un souci exclusif des victimes – les bons Tutsis contre les méchants Hutus, ou *vice versa* selon ce qu'on y comprend, les bons Bosniaques victimes des méchants Serbes, le peuple libyen ou syrien victime des affreux dictateurs Kadhafi ou Bachar el-Assad, le peuple irakien victime de Saddam Hussein. Cette description sur le mode « western » s'accompagne d'une application mécanique de la loi de Godwin – les méchants étant assimilés à Hitler au bout de deux phrases.

Comment de tels simplismes peuvent-ils marcher, y compris auprès de chefs d'État ? C'est compréhensible si on réfléchit que la plupart des gens, chefs d'État compris, m'entendent pas grand-chose aux situations internationales, qu'il y est question en général de pays lointains auxquels on peut sans mal prêter des conduites extravagantes, que les stéréotypes ont la vie dure – le méchant Serbe alcoolisé, le pauvre Grec mangeant son oignon, le dictateur défloreur de vierges, etc. Il faut ajouter que les rapports des spécialistes et des diplomates les mieux informés se contredisent souvent selon les écoles d'analyse, les lobbies et puissances d'affaires, et surtout sont neutralisés ou au contraire renforcés par des campagnes de relations publiques et de communication, d'information et de désinformation des adversaires.

La version légère, déjà plus sérieuse même si elle est effectivement « légère », c'est celle des militants et théoriciens des droits de l'homme et du monde des ONG.

Elle fait appel aux droits de l'homme, à la défense des opprimés, au sentiment d'humanité, à la dénonciation de la corruption, du clientélisme et des mafias, en insistant sur le rôle d'avant-garde des organisations non gouvernementales pour développer les prises de conscience des opinions publiques.

Côté spectacle on en a la version *people* avec Angelina Jolie faisant le tour des camps de réfugiés et adoptant de-ci de-là un orphelin.

Plus sérieusement, des réflexions comme celle de Mary Kaldor sur le rôle des ONG, les nouvelles formes de la guerre et les institutions internationales méritent qu'on s'y arrête car elles montrent bien l'idéalisme de fond de la position, avec ses principes et ses limites.

Mary Kaldor, partant des guerres « identitaires » des années 1990 dans les Balkans et en Afrique, estime que la nature de la guerre a changé et qu'elle n'oppose plus des États mais des groupes aux identités ethniques, religieuses, culturelles différentes.

Au lieu, donc, de penser, selon le modèle de Clausewitz, le théoricien classique de la stratégie, que les conflits se terminent par la victoire de l'un des adversaires, il faut viser une reconstitution de l'entente « cosmopolitique » des identités en guerre.

Kaldor définit ce cosmopolitisme d'une manière très large : « Par cosmopolitisme, je n'entends pas la négation des identités mais plutôt la célébration de la diversité des identités planétaires, l'acceptation et même l'enthousiasme pour des identités multiples qui se recoupent et, en même temps, un engagement en faveur de l'égalité de tous les êtres humains et du respect de la dignité humaine[1]. » Pour préciser ses vues, elle cite avec approbation Anthony Appiah distinguant cosmopolitisme et humanisme : « Le cosmopolitisme n'est pas juste le sentiment que tout le monde compte. Il célèbre aussi le fait qu'il y a des manières humaines locales différentes d'être, alors que l'humanisme va de pair avec le désir d'une homogénéité planétaire[2]. »

Au nom précisément du respect de la diversité, on laissera à Appiah et Kaldor leur vision assez originale de l'humanisme – l'important ici est que leur cosmopolitisme soit bel et bien un cosmopolitisme des différences.

C'est par rapport à une telle description du monde que cet idéalisme se révèle « léger » – au sens où il plane, flotte, au-dessus de la réalité.

Ce qu'il faut en effet pour mettre fin à ces nouvelles guerres, c'est « une nouvelle forme de mobilisation cosmopolitique qui englobe à la fois la communauté internationale et les populations locales, capable de contrer la soumission aux différents types de particularisme[3] ».

Ceci implique d'abord de reconstruire de la légitimité en « rétablissant des valeurs d'inclusion, de tolérance et de respect mutuel ». Il s'ensuivra, dit-elle, des solutions territoriales faciles. Pourquoi pas ?

---

1. Mary Kaldor, *New and Old Wars, Organized Violence in a Global Era*, Londres, Polity Press, 1999, p. 87-88.
2. Mary Kaldor, *New and Old Wars, op. cit.*, p. 88.
3. Mary Kaldor, *New and Old Wars, op. cit.*, p. 114.

Il faut, d'autre part, une diplomatie cosmopolite, elle aussi, faisant intervenir non seulement les belligérants mais également des parties tierces et des mouvements pacifistes locaux – la fameuse « société civile ». Pourquoi pas encore, si on les trouve et s'ils veulent bien… faire la paix.

Il faut ensuite passer des missions de paix ou d'interposition à un « maintien de l'ordre cosmopolitique » – avec, pour les forces de l'ordre, des tâches à mi-chemin entre armée et police. Ici encore, pourquoi pas, sauf que, encore une fois, il faut que les belligérants veuillent bien qu'une force pacifiste mais armée assure des zones de sécurité, des corridors de circulation, la liberté de mouvement… et capture les criminels de guerre. Quand Kaldor ajoute que tout cela nécessite consentement, impartialité et usage minimum de la force, on se demande en quoi ce maintien de l'ordre cosmopolitique diffère des opérations d'interposition des missions des Nations unies.

Enfin, il faut passer de l'assistance humanitaire à la reconstruction. Ce qui suppose de cibler les interventions, de s'appuyer sur les experts locaux, de commencer par reconstruire les infrastructures afin de créer des zones autonomes de civilité… sans accepter les divisions de fait entraînées par le conflit.

L'idéalisme humanitaire cosmopolitique flotte au-dessus de la réalité parce que, pour commencer, il ne veut pas voir que les crises les plus graves échappent de fait à ses interventions qui se bornent, dans le meilleur des cas (et encore !), à faciliter l'installation de camps de réfugiés en dehors des zones de belligérance

– qu'on songe au sort du programme de Kaldor dans des situations comme celles de l'Irak, de la Tchétchénie, de la Syrie, de l'Ukraine. Quand parlent vraiment les armes entre des adversaires résolus et que, en outre, les États de la « communauté internationale » ont chacun des engagements différents dans le conflit, les diplomates des Nations unies restent impuissants (comme Lakhdar Brahimi dans sa mission pour trouver une solution à la crise syrienne en 2012 après le premier échec de Kofi Annan). Quant aux forces d'interposition, elles ne peuvent pas être déployées et les humanitaires doivent se retirer, ceux qui ne le font pas courant le risque d'être pris en otages et assassinés.

L'idéalisme cosmopolitique flotte aussi au-dessus de la réalité en refusant de voir que ses interventions ont plutôt tendance à enkyster les crises en installant les populations déplacées dans des situations de « réfugiés perpétuels » sur le mode des Palestiniens, des Sahraouis, des réfugiés du Darfour et du Soudan.

Il plane encore au-dessus de la réalité en refusant de voir que l'action humanitaire est le plus souvent détournée, qu'elle contribue à la naissance d'économies parallèles qui bouleversent le fonctionnement économique normal, qu'elle devient presque toujours un business fructueux, infiltré par les mafias et les escrocs prestataires de services – sans oublier qu'elle devient souvent aussi partie prenante dans les conflits selon les camps soutenus.

Pour le coup, on doit parler d'un idéalisme de l'idéalisme cosmopolitique.

La version juridique des partisans du droit international cosmopolitique en cours d'invention est, elle, formelle.

Tous les juristes, même ceux qui y seraient opposés, sont obligés de reconnaître le mouvement de mondialisation et de supranationalisation du droit.

Ce processus se déroule sur deux plans.

D'un côté, il concerne les échanges, le commerce international et l'économie à travers l'Organisation mondiale du commerce (OMC) qui comporte une instance « judiciaire » de règlement des conflits entre ses membres (Organe de règlement des différends – ORD).

D'un autre, la création de l'Organisation des Nations unies et l'adoption, le 10 décembre 1948, de la Déclaration universelle des droits de l'homme, a enclenché la mise en place, même fragmentaire, d'un droit pénal mondial et d'instances cherchant à le faire respecter. Il s'agit d'un mouvement graduel d'unification, nuancé par le fait que ce droit pénal mondialisé doit s'harmoniser avec les droits nationaux, dont certains s'inspirent déjà des droits de l'homme mais pas tous, et dont les conceptions peuvent être largement différentes en tout ou en partie.

Il en résulte une situation ambiguë.

Le nombre des normes et des acteurs s'est considérablement accru. Les lieux où se dit le droit se sont multipliés (avec toutes ces cours et instances nouvelles). En même temps, la privatisation des normes fait son chemin au fil des nouveaux besoins et de l'élaboration de nouvelles chartes (écologiques, éthiques), de la création de labels (commerce équitable), et de codes locaux de bonne conduite (règles de gouvernance, chartes d'entreprise, chartes traduisant la responsabilité sociale des entreprises et institutions – RSE).

Il y a à la fois tendance à l'unification et à la mise en ordre de ces instances, production d'un pluralisme peu ordonné, et volonté de résister à la supranationalité à travers les marges d'appréciation des juridictions nationales – ou les refus purs et simples d'harmonisation.

Si on se concentre sur les problèmes de violence en laissant de côté les échanges commerciaux « pacifiques », l'idéalisme juridique soutient et défend l'extension du traitement judiciaire des conflits soit en les prévenant (par le biais de commissions d'arbitrage), soit en châtiant les responsables d'actes graves (instances pénales internationales), soit encore en opérant un travail de médiation d'après-conflit au sein des commissions « Vérité et réconciliation » cherchant à établir la vérité sur les périodes noires et à réconcilier les adversaires par un travail de mémoire et de transparence clarifiant les responsabilités.

Voilà pour les bonnes intentions.

Comme il a déjà été indiqué, ces bonnes intentions ont connu certaines réalisations mais les succès partiels et parfois ambigus ne font pas taire les critiques.

D'abord, comme l'a fait remarquer Mireille Delmas-Marty, à l'évidence, la supra-étatisation du droit n'avance ni au même rythme ni dans la même direction selon qu'il s'agit d'échanges économiques internationaux ou de droit pénal. À beaucoup d'égards même, la juridicisation de la mondialisation économique nuit à la juridicisation pénale en favorisant l'action d'opérateurs financiers pas forcément clairs (défiscalisation, spéculation, trading haute fréquence, sociétés écrans offshore, blanchiment et mafias).

Deuxièmement, un certain nombre d'acteurs majeurs ne veulent pas se lier les mains ni risquer de s'exposer à des poursuites à cause de leurs opérations internationales et refusent donc de souscrire à ces pactes, chartes et traités. Ce fut le cas dès le vote de la Déclaration universelle des droits de l'homme puisque huit pays s'abstinrent : l'Afrique du Sud refusant, en raison de l'apartheid d'alors, le droit à l'égalité devant la loi sans distinction de naissance ou de race ; l'Arabie Saoudite contestant l'égalité homme/femme. La Pologne, la Tchécoslovaquie, la Yougoslavie et l'Union soviétique (Russie, Ukraine, Biélorussie) refusant, elles, la définition du principe fondamental d'universalité tel qu'il est énoncé dans l'article 2 alinéa 1, ce qui revenait à refuser toute la déclaration[1]. À ce jour, plus de 120 pays ont signé et ratifié le Statut de Rome de 1998 instaurant la Cour pénale internationale mais les principaux acteurs ne l'ont pas fait et ces 120 pays représentent moins de 20 % de la population mondiale.

---

1. Article 2, alinéa 1 : « Chacun peut se prévaloir de tous les droits et de toutes les libertés proclamés dans la présente Déclaration, sans distinction aucune, notamment de race, de couleur, de sexe, de langue, de religion, d'opinion politique ou de toute autre opinion, d'origine nationale ou sociale, de fortune, de naissance ou de toute autre situation. »

Plus fondamentalement, l'harmonisation des droits requise pour établir des chartes universelles n'est possible que jusqu'à un certain point – et parfois pas du tout.

De nombreuses questions, dans les domaines économique et social mais plus encore dans ceux qui touchent à la morale et à la religion, ne peuvent pas être unifiées. Et ce ne sont pas les juristes qui peuvent trancher des différends qui tiennent à des différences culturelles profondes, concernant, par exemple, le statut des femmes, l'appartenance religieuse ou l'adoption de la démocratie. L'universalisation des normes juridiques bute sur les divergences fondamentales en matière de valeurs.

Sans parler une fois encore des valeurs de l'islam, il fut question avant elles de la spécificité des valeurs asiatiques et notamment de leur faible congruence avec l'organisation politique démocratique. Il faut rappeler à ce sujet que, dès la négociation de la Déclaration universelle des droits de l'homme en 1947-1948, le juriste et diplomate chinois Peng-Chun Chang, membre du comité de rédaction, exprima à de multiples reprises son désaccord avec l'ethnocentrisme du projet et obtint la disparition des références à Dieu et à la nature. Pour marquer leur différence, les pays islamiques ont adopté en août 1990 une Déclaration universelle des droits de l'homme islamique fondée sur la charia, dont la lecture est recommandée tant elle est édifiante[1].

_____

1. Voir, entre autres, les articles 24 (« Tous les droits et libertés énoncés dans la présente Déclaration sont soumis aux dispositions

Enfin – et c'est un point trop peu noté –, la mondialisation du droit implique inévitablement un transfert de pouvoir du législateur local ou national vers les juges qui travaillent avec leur expertise au rapprochement, à l'interprétation et à l'harmonisation des normes. Ce qui conduit à un gouvernement des juges qui n'ont pour justifier leur désignation que leur compétence juridique elle-même évaluée par les bureaucraties judiciaires. Le lien entre justice et fondation démocratique est donc rompu.

Or si, selon un principe aussi révéré que discutable, l'honnêteté des juges ne peut jamais être mise en question, dans les faits, elle peut se révéler moins évidente. Un certain nombre de juges « indépendants » se sont révélés un jour embrasser une carrière politique à droite comme à gauche (Bruguière, Garzon, Joly) et donc s'avèrent un jour personnes de parti, voire personnes poursuivant leurs ambitions personnelles.

C'est donc bien « pour la forme » que l'idéalisme juridique se présente comme une solution convaincante en matière internationale. Soit les déclarations ont tout de la lettre au père Noël, selon l'expression de Jean Kirkpatrick critiquant la doctrine Carter[1], soit la lettre au père Noël comporte des arrière-pensées pas innocentes.

---

de la charia ») et 25 (« La charia est l'unique référence pour l'explication ou l'interprétation de l'un quelconque des articles contenus dans la présente Déclaration ») de cette déclaration adoptée au Caire en 1990.

1. Dans son article contre la politique des droits de l'homme du président Carter « Establishing a Viable Human Rights Policy », *World Affairs*, 143, n° 4, 1981, p. 323-324.

Comment évaluer les effets de la politique idéaliste ?

Sur plusieurs registres.

Médiatiquement et politiquement, à très court terme, les effets ne sont pas négligeables – effets d'image et d'émotion, effets sur la générosité publique sollicitée par les campagnes humanitaires et qui contribuera en retour à la marchandisation du secteur : campagnes pour les réfugiés du Soudan, les victimes des mines antipersonnel, les victimes du nettoyage ethnique, etc.

Au plan de la politique intérieure aussi les effets sont « positifs » : les chefs d'État qui reçoivent avec des airs compatissants les grandes consciences de l'action humanitaire apparaissent tout de suite plus sensibles, plus proches des malheureux, plus « compassionnels ».

Au plan de la politique internationale, les effets immédiats ne sont pas sans importance non plus : l'idéalisme et les émotions conduisent à des engagements précipités, à des interventions dites d'ingérence humanitaire (et parfois militaire) mal calculées. Il aura fallu le refus américain de dernière minute d'intervenir directement contre Bachar el-Assad pour que soit annulé le raid de l'aviation française, réacteurs allumés, prête à décoller le 31 août 2013. Les départs la fleur au fusil ont encore un bel avenir…

À plus long terme, le bilan est en réalité désastreux.

La Somalie est depuis plus de vingt ans dans la misère et la guerre civile ; la Bosnie « libérée » est en passe de devenir la tête de pont en Europe de l'État islamique ; la Libye est un chaos qui exporte le chaos. Pour ne rien dire de la démocratie toujours attendue en Afghanistan ou en Irak, ou de l'état économique de la Tunisie après sa révolution de velours.

La politique idéaliste semble réussir dans l'immédiat de l'action « urgente », mais les effets à plus long terme sont en général catastrophiques : conflits figés, missions d'interposition de l'ONU à durée indéfinie, camps de réfugiés devenant des villes, création d'économies parallèles artificielles, chaos politiques durables.

L'idéalisme politique méconnaît en fait les grandes déterminations de l'histoire.

À commencer par le poids des organisations traditionnelles (tribus, clans, ethnies) qui ne s'accordent pas facilement avec les usages démocratiques. Il ne comprend pas que les partis, au sens qu'ils ont dans la vision moderne de la vie politique, restent en réalité marqués en bien des régions par des pesanteurs qui parasitent la vie démocratique (partis à bases ethniques, ou tribales, ou régionales). Il ne comprend pas la force des traditions de clientélisme qu'il voit comme de la corruption. Il ne comprend pas la diversité des relations à la fiscalité, souvent imposée de manière récente et vécue comme inquisitoriale et émanant de l'oppresseur. L'illusion wilsonienne ou « à la Carter » d'un progrès universel de la démocratie a presque toujours et partout échoué face à ces déterminations historiques lourdes et profondes.

L'idéalisme politique méconnaît aussi totalement la force des religions et des croyances sauf quand, comble d'absurdité, il s'en fait l'avocat au nom de la défense des différences et des bienfaits du pluralisme.

L'idéalisme politique méconnaît encore plus gravement le poids de la démographie et de l'environnement, y compris quand il se préoccupe d'écologie. Les rêveurs partisans de l'entrée à un horizon rapproché de la Turquie dans l'Union européenne au prétexte de repousser les marches de l'Europe jusque vers le Proche-Orient et d'arrimer le pays à la démocratie européenne ne voulaient pas voir que l'entrée dans le dispositif d'échanges européens de 75 millions de Turcs bouleverserait le marché du travail, l'équilibre démographique et la démographie religieuse de l'Europe.

Ces critiques reviennent toutes à montrer la nécessité d'une approche empirique et réaliste des problèmes.

Le réalisme politique et la *Realpolitik* ont toujours été défendus par des historiens et des diplomates qui avaient consacré leurs travaux et leur activité à l'étude des phénomènes historiques et politiques. Il est temps de revenir d'une politique internationale à base de coups médiatiques à une politique guidée par les diagnostics des experts.

La connaissance des terrains, des cultures et des histoires est indispensable et ce n'est pas en écoutant les vaticinations des *people*, en faisant de la politique pour les seuls effets de la communication, en lisant des éditoriaux de journalistes qui eux-mêmes ont fait leurs enquêtes dans les dîners en ville, que l'on définit une politique internationale. Pas plus en nommant des ambassadeurs sortis de l'ENA dont la seule langue vivante est le jargon administratif de leur caste et la seule culture celle du *Who's who*.

Il faut redécouvrir les vérités de base de la *Realpolitik* – c'est-à-dire les rapports de force, les inerties et traditions, la recherche par les États et les organisations non étatiques de ce qui fait avancer leur intérêt. Cela signifie fin de l'angélisme, retour du réalisme, conscience lucide qu'on ne fait pas de la politique internationale avec des crédits et des missions humanitaires, que les alliances sans garantie militaire ne comptent pas, que les migrations peuvent devenir des armes de guerre, qu'on ne fait pas de politique internationale avec de bons sentiments.

Concrètement, cela débouche aussi sur des questions perturbantes.

La France peut-elle et doit-elle à elle seule assurer la défense militaire des intérêts européens alors que les autres pays n'acceptent de collaborer qu'à des interventions humanitaires ? Henry Kissinger ironisait sur l'Europe en demandant quel numéro de téléphone il devait appeler pour avoir le responsable. On peut pareillement se demander où est le chef d'état-major de l'armée européenne.

De même, les sanctions économiques constituent-elles des instruments de politique internationale vraiment efficaces ? On peut toujours étrangler économiquement la Russie de Poutine, mais que ferait-on le jour où cette Russie envahirait l'Estonie, la Lituanie ou la Pologne ?

De même, il est sympathique de débloquer aides et crédits quand se produit une révolution dans un pays en sous-développement – mais pour faire quoi ? Alimenter un peu plus la corruption et les rétrocommissions ?

Comment gérer la participation à l'Europe de pays comme la Bulgarie et la Roumanie qui ne luttent guère contre la corruption et sont en grande partie aux mains des mafias ? Comment résoudre le cas grec alors que le pays ne dispose d'aucun des instruments indispensables pour appliquer les mesures d'assainissement financier qui lui ont été imposées ?

Cette nouvelle lucidité a aussi des conséquences au plan des principes d'intervention et d'action.

Il faut toujours envisager des scénarios à long terme, toujours se demander en cas de changements quelles sont les hypothèses crédibles sur la situation après la fin de l'ordre existant, s'abstenir des ingérences, y compris humanitaires, qui font entrer dans des engrenages incontrôlés, défendre et promouvoir d'abord l'intérêt national en étant conscient qu'adversaires comme alliés en font de même, pratiquer des politiques d'encapsulation des conflits et de confinement prudent des adversaires.

Pour prendre le cas des religions aujourd'hui, ce n'est plus le temps des croisades et ceux qui voudraient lancer des fantassins à l'assaut de l'État islamique sont aussi bêtes que des Croisés contemporains. Il est impératif, en revanche, de contenir l'expansion de l'État islamique et du salafisme aussi bien hors de nos frontières qu'au sein du pays. Il faut enfin pratiquer une diplomatie réaliste des alliances et des équilibres avec les alliés qui ont fait leurs preuves en laissant en revanche les acteurs des régions éloignées gérer eux-mêmes leurs conflits. C'est ainsi que les drames du Proche et du Moyen-Orient doivent être laissés à leurs protagonistes sans ingérence : Iran et Arabie Saoudite, chiites et sunnites, se livrent à une guerre régionale sans merci et aux racines historiques et religieuses aussi anciennes que profondes. Les populations d'Irak, de Syrie, du Yémen en font les frais, mais toutes les ingérences du passé ont montré qu'elles étaient pires que l'abstention. Il faut laisser les adversaires régler eux-mêmes leurs affaires sous la seule condition, par exemple, de la sanctuarisation d'Israël. De même, nous ne pouvons pas grand-chose contre l'expansion de l'islam fondamentaliste au Maghreb – il faut donc se limiter à des contributions de culture, d'éducation et de communication. En revanche, sur place, en France, l'expansion de l'islam doit être contrôlée, confinée et combattue sans états d'âme. De même encore, les menaces russes dans le Caucase, en Ukraine, en Biélorussie doivent être laissées aux acteurs locaux – mais la sanctuarisation des ex-colonies soviétiques ayant adhéré à l'Union européenne doit être absolue.

Les avocats des droits de l'homme peuvent bien se préoccuper du sort des démocrates en Chine, en Ouzbékistan, en Biélorussie ou en Corée du Nord, mais leur bienveillance ne doit pas définir une politique.

4

Contre la vision morale du monde, contre la bienveillance politique

Toutes les idées qu'il a fallu remettre en cause dans les chapitres précédents tiennent d'abord à une volonté d'aveuglement face à la réalité, en se berçant d'illusions : qu'il peut y avoir un islam modéré, tolérant et démocratique, que le populisme est un spectre à exorciser sans plus d'explications, qu'une politique conforme à la morale doit guider l'action internationale.

Cet aveuglement se teinte chaque fois d'un préjugé de bienveillance : on veut croire en un monde où toutes les idées sont respectables, où toutes les différences enrichissent, où les conflits ne sont jamais irréductibles, où les bonnes volontés finissent toujours par s'entendre.

La forme la plus répandue de cette bienveillance est compassionnelle.

Elle s'exprime dans les médias, sur les plateaux des débats télévisés, dans les éditoriaux des journaux, sur les partages des réseaux sociaux. On a de la compassion pour les pauvres, les exclus, les immigrés, les sans-papiers, les réfugiés, les Roms, les migrants – les victimes de toutes sortes avec, en contrepartie, la dénonciation lancinante, comme un nouveau mantra, du capitalisme libéral mondialisé qui, étrangement, n'a jamais de visage.

Car, au même moment, les mêmes ou presque célèbrent dans des histoires saintes qui n'ont rien à envier à celles du passé sulpicien les vedettes, les *people*, les patrons à succès, les chevaliers d'industrie, et parfois même les escrocs et les assassins. Le plus risible est que beaucoup de ces personnages se présentent, comme par hasard, en héros de la bienveillance : ils animent des fondations, patronnent des ONG, militent pour les opprimés, les réfugiés, les orphelins, les exclus, contre la faim, le paludisme, le réchauffement climatique, les OGM. Même les pires voyous se drapent aujourd'hui dans la bienveillance et l'amour du prochain.

Si quelque chose ne va pas, c'est évidemment à cause du système, toujours le système, mais les acteurs au sein du système, y compris ceux qui le font marcher et qui en profitent, ne sont jamais responsables de rien – puisque personne ne peut rien contre le système.

En même temps, cette âme compassionnelle n'en est pas à une contradiction près. Elle plaint les réfugiés, mais c'est au gouvernement de s'en occuper et d'aller repousser leurs campements de fortune un peu plus loin – chez des voisins si possible. Elle déplore qu'on emploie la force pour les expulser, mais ce serait aussi bien s'ils n'étaient pas là. Elle juge légitime qu'on leur attribue une assistance médicale gratuite, mais quand même sans augmenter les cotisations d'assurance-maladie ni les impôts. Même les terroristes deviennent des victimes – victimes de parents déracinés, victimes d'une enfance ballottée entre parents séparés, victimes de la colonisation puis de la décolonisation ratée, victimes de l'école de la République qui n'a pas su en faire des citoyens éduqués, victimes de recruteurs pervers sur Internet qui les ont abusés.

Cette vue compassionnelle du monde et des êtres n'empêche nullement un égoïsme tout aussi bienveillant.

Il faut donner compassion, soin et sollicitude aux autres, mais sans s'oublier soi-même. C'est une générosité « moi d'abord ». L'individualisme possessif devient présentable quand il dégouline d'émotion feinte. L'homme de notre temps ne pleure pas, il pleurniche. Il ne compatit pas, il s'émeut. Il n'est pas généreux, il fait des dons défiscalisés. Il ne fait pas preuve de sollicitude, il appelle le 115 pour qu'une équipe de maraudeurs du SAMU social intervienne.

Il y a deux noyaux à cette attitude : un noyau moral, un autre sentimental.

Du point de vue éthique/moral[1], il faut que le monde soit bon, exclure à jamais la violence, soulager

---

1. J'insiste sur le fait que je refuse catégoriquement de faire la distinction entre l'éthique qui serait respectable et la morale qui serait bourgeoise. Cette distinction est, elle-même, prise dans la vision

la souffrance, promouvoir le bonheur. Cette bonne volonté universelle vaut pour l'humanité mais s'étend aussi aux animaux domestiques, aux bêtes sauvages, aux animaux destinés à l'alimentation, aux êtres sensibles de toutes sortes, aux plantes et finalement à la nature entière.

L'autre noyau est sentimental. C'est celui de la bienveillance : il faut soigner, prendre soin, avoir de la sympathie.

Au moindre accident, les autorités accourent sur les lieux de la catastrophe, ou, au moins, émettent un communiqué pour exprimer leur émotion. On envoie non seulement des secours pour les victimes, mais des secours pour les parents des victimes, pour les spectateurs exposés à l'horreur – et même pour les secouristes. Il faudrait que le monde fût sans blessure – et comme ce n'est pas le cas, la bienveillance trouve dans la vulnérabilité un universel qualifiant toute existence – ce que les penseurs du Moyen Âge appelaient un transcendantal, un prédicat qualifiant tous les êtres absolument.

Chacun de ces noyaux mérite l'attention.

Le premier, celui de l'éthique, est bien connu depuis Hegel, sous le nom de vision morale du monde. Le second, celui du sentimentalisme, est devenu une théorie influente, celle de la bienveillance et de la sollicitude, que ses avocats préfèrent diffuser sous le terme anglo-américain de *care*, qui fait plus chic.

éthique/sentimentale que je critique et, loin de l'éclairer, elle biaise la réflexion en définissant d'emblée les bons et les méchants.

Il est difficile d'être plus perspicace ni plus dévastateur que Hegel dans son exposé et sa critique de « la vision morale du monde »[1].

La conscience morale, absolument morale dans sa dévotion totale au devoir, laisse l'objet, c'est-à-dire le monde, à sa pure objectivité : elle est pure et il est l'autre. D'un côté, les fins morales de la conscience, de l'autre, l'objet comme nature indifférente.

La conscience morale se rend compte que la nature la laissera ou non se réaliser. Elle va donc se plaindre de l'inadéquation entre elle et l'existence.

Ce que Hegel décrit comme conscience morale plaintive, nous le voyons effectivement se réaliser aujourd'hui comme pleurnicherie : pleurnicherie sur un monde qui n'est pas bon, aux mains des méchants, pourri par le « système », pleurnicherie sur le travail, le stress, les politiciens corrompus, les spéculateurs, les trafiquants, les traders, les mauvais managers, l'inégalité qui va croissant, les pollueurs, les multinationales, etc. Pleurnicherie aussi sur soi, sur ces grandes consciences qu'on n'écoute pas, ces intellectuels qui crient dans le désert, le politiquement correct qui règne – celui des autres bien sûr !

Après avoir gémi, la conscience morale va se draper dans sa propre jouissance de conscience morale.

---

1. Georg Wilhelm Friedrich Hegel, *Phénoménologie de l'esprit*, 1807, 1re partie, sixième section, sous-section C, « L'esprit certain de lui-même : la moralité ».

Effectivement, aujourd'hui, la bonne conscience se porte bien : je suis bon, je suis moral, regardez la pureté de mes sentiments, que je vous montre les yeux dans les yeux.

Comme rien n'est garanti, l'harmonie du devoir et de la bonne volonté va être postulée : il faudrait que le monde fût bon. Ici encore nous sommes en terrain connu. L'éthique de la vision morale du monde s'exprime toujours en tournures conditionnelles : « Il faudrait que » – ou, sous des formes plus anodines mais qui reviennent au même : « On fera en sorte que », « On prendra des dispositions pour que », « Il est prévu que ». Peu importe que rien ne suive : on aura voulu.

Comme le note encore Hegel, cette nature indifférente à la moralité de la vision morale du monde n'est pas uniquement hors du sujet, elle est aussi en lui : le sujet trouve en lui quelque chose de contingent, une « nature » qui lui est propre, celle de sa sensibilité, de ses désirs, de ses sens, de ses pulsions instinctives. Sur ce front aussi, la moralité va devoir « lutter » mais, comme pour la nature extérieure, le résultat de la lutte n'a en fait pas d'importance : il suffit de prétendre lutter.

La conscience morale va rechercher une première réunification avec cette nature en elle : « C'est moral d'être comme je suis. » Elle veut le bien, mais elle est aussi cette nature : c'est plus fort qu'elle et c'est bien ainsi. Il n'y a donc pas à s'étonner si cette conscience qui voit le monde moralement est, en même temps, celle d'un individu égoïste, désinvolte, attendri par lui-même, pour ensuite déborder de compassion et de sollicitude : c'est lui et c'est plus fort que lui.

Et quand vient le moment des actions concrètes, quand l'impératif du bien doit se transformer en bonnes actions, il n'y a pas plus de problème : la conscience morale est désormais « un seigneur et maître du monde qui produit l'harmonie de la moralité et de la félicité et en même temps sacralise les devoirs dans leur pluralité ». Inutile de chercher un ordre, une hiérarchie, des priorités : tout est moralement aussi urgent qu'indispensable. Il faut faire le bien partout et si l'ordre est finalement celui des urgences médiatiques, peu importe : tous les devoirs sont sacrés. Passons à la radio, écrivons des tribunes, engageons-nous dans l'engagement du moment pourvu qu'il engage !

La belle « âme » rassemble toutes les ambiguïtés de cette vision morale du monde – chez Hegel comme dans le moralisme contemporain.

Dans l'absolue liberté et responsabilité de la conviction, elle s'active en confondant le devoir moral et les actions particulières. Ayant en elle la certitude, elle ne trouve pour se déterminer que les emportements ou les inclinations de sa sensibilité : ce qui l'émeut devient l'absolu de sa moralité.

Les enthousiasmes humanitaires dédouanent ainsi les engagements les plus tirés par les cheveux au nom de l'absolu moral : partons libérer les Libyens de leur tyran !

C'est ici qu'il importe de parler, de proclamer, de s'exprimer, de signer des adresses et des appels à ceux qui pourraient agir, mais n'auront même pas à le faire puisque parler, c'est agir.

Hegel parle admirablement de cette jactance de la belle âme :

« Face à cette liberté qui insère n'importe quel contenu, celui-là aussi bien qu'un autre, dans le médium passif universel du pur devoir et savoir, il ne sert à rien de prétendre que c'est un autre contenu qu'il fallait insérer ; quel qu'il soit en effet chacun d'eux portera sur lui la *macule de déterminité*, dont le pur savoir, pour sa part, est libre, qu'il peut repousser avec mépris, aussi bien qu'il peut accueillir n'importe quelle d'entre elles. »

Ce n'est même pas une ironie, alors, que dans cette confusion du devoir et de ses déterminations, ce que l'individu fait pour lui-même paraisse nécessairement une suprême contribution à l'universel : « plus il s'est soucié de lui-même, plus grande est sa *possibilité* d'être utile à d'*autres* ». La complaisante publicité de soi sert encore mieux les victimes.

Il ne suffit cependant pas de parler, il faut aussi que d'autres viennent rassurer la belle âme sur la beauté de ses convictions et la pureté de ses actions. Le langage, cette fois, non plus comme simple fait de parler mais comme « conscience de soi qui est pour d'autres », comme « le soi se détachant de lui-même », permet à la conscience morale jusqu'ici muette (quoique plutôt bavarde) d'entrer dans la communauté des âmes belles comme elle.

Ce n'est plus seulement un BHL qui parle mais toute une communauté de BHL qui fait chœur – le concert de consciences de soi autonomes et reconnues. Rendre effective l'action morale, c'est la voir reprise par la communauté des âmes morales. L'énonciation mutuelle des convictions les rend vraies. Le service divin solitaire de la morale devient le service divin d'une communauté.

Ce qui pourrait apparaître un peu abstrait luit d'une autre lumière si on réfléchit que la correction morale et politique, cette entente des bonnes consciences se rassurant à l'infini de l'arbitraire de leurs convictions par la force de la répétition, répond exactement à la description de Hegel : la correction morale, ce n'est rien d'autre, effectivement, que l'assurance mutuelle des attitudes consciencieuses. Elle se traduit par la chape étouffante des opinions bien-pensantes, par la signature des manifestes et pétitions, plus concrètement encore par ces très curieuses manifestations qu'on appelle des « marches blanches ». À la suite d'un drame, d'un meurtre, d'un accident, des personnes se rassemblent sans demander vengeance mais pour exprimer leur émotion, leur solidarité avec les victimes et familles des victimes, leur solidarité entre elles, leur compassion, leur indignation – leur bonne volonté et leur impuissance. Difficile de ne pas penser à leur propos à l'expression dévastatrice de Hegel : « la confluence silencieuse des entités apathiques de la vie volatilisée[1] ».

Au croisement des analyses hégéliennes de la vision morale du monde et de celles des manifestations contemporaines du moralisme, se révèlent

---

1. Georg Wilhelm Friedrich Hegel, *Phénoménologie de l'esprit*, *op. cit.*, p. 609.

non seulement les vides de ce moralisme qui ont nom bavardage, velléité, pusillanimité et, finalement, impuissance, mais aussi le fait que la vision morale du monde ne doit en aucun cas tenir lieu de politique : elle peut, éventuellement, combler l'âme des êtres sensibles, elle n'a que des relations légères et volatiles avec la réalité.

Dans le meilleur des cas, elle exprime la vie rêveuse. Dans le pire, la vie hypocrite.

C'est le même caractère inapproprié du passage de la morale à la politique que révèle l'examen de la bienveillance compassionnelle qui constitue le second pilier de cet ethos/pathos qui nous rend aveugles à la réalité.

Ici, nous avons affaire à une élaboration conceptuelle inédite – celle des philosophies de la bienveillance, de la sollicitude et de la vulnérabilité que l'on regroupe sous le terme anglo-américain générique de *care* qui veut dire exactement la même chose, c'est-à-dire… soin, sollicitude et bienveillance.

Cette élaboration conceptuelle a l'intérêt de rendre parfaitement manifestes les conséquences du travestissement de la morale en politique.

La première approche d'une éthique de la bienveillance remonte aux années 1980 quand la philosophe américaine Carol Gilligan, examinant les théories du développement moral, remarqua que ce qui est considéré comme la moindre maturité des femmes quand il s'agit d'émettre des jugements autonomes marqués par l'universalité en matière de situation morale correspond en fait à une autre approche morale : là où les hommes cherchent une position décentrée et objective, les femmes tiennent compte d'abord de l'importance des responsabilités et du maintien des relations plutôt que du respect des droits. Elles font donc entendre en morale une « voix autre », attentives qu'elles sont à la dépendance et à la vulnérabilité des êtres puisqu'elles sont depuis longtemps ces personnes « invisibles » préposées au *care*, au soin des petits enfants, des malades, des handicapés, des vieillards, des mourants, dans la plupart des sociétés, y compris les nôtres où ces tâches de soins ont pris la forme marchande de « services à la personne » – dont sont la plupart du temps chargées des femmes[1].

La morale du soin insiste donc sur les situations, les relations, l'attention aux autres. Ce qui la conduit à

---

1. À la suite des premiers travaux de Carol Gilligan et de ceux de quelques autres (Nel Noddings, Sara Ruddick), une version « féminine » du soin se diffusa. Si les femmes sont le plus souvent en charge du soin, c'est en raison de leur nature et notamment du fait qu'elles sont des mères exerçant des soins de maternage tout au long de leur vie ou presque. Cette « féminisation » du soin suscita aussitôt les réactions critiques des philosophes féministes dénonçant l'essentialisme de l'idée d'une nature féminine condamnée au maternage. Leurs critiques, développées à partir du milieu des années 1990, ont cherché à mettre en évidence les mécanismes qui « naturalisent » le soin, en même temps qu'elles questionnaient, en cherchant à la démystifier, la construction sociale des genres sexuels. La déconstruction de ces natures remettait en cause aussi bien la différence des sexes (en faisant apparaître les catégories transgenre ou la particularité homosexuelle) que la féminité des activités (et des attitudes) de soin.

reconnaître la place centrale de la dépendance et de la vulnérabilité, à la différence des théories morales qui insistent sur la volonté d'un individu autonome. Comme l'écrit une tenante de cette morale du soin : « Dès qu'il s'agit de prendre soin, la question n'est plus tant de connaître la place des valeurs, des règles, des lois dans l'action en produisant un raisonnement moral, mais de considérer la meilleure façon de se conduire dans un contexte particulier avec d'autres sujets porteurs de croyances sociales ou culturelles, d'histoires affectives propres, etc. L'éthique n'est jamais une affaire totalement rationnelle[1]. »

C'est déjà une question qui mériterait d'être approfondie (mais ne le sera pas ici car elle déborde notre sujet) que de savoir de quoi s'occupe au juste la morale. S'agit-il d'une théorie des jugements moraux et de leur base de validité (ou de non-validité) ? S'agit-il d'une discipline pratique enseignant les bonnes conduites à suivre ? S'agit-il d'un art de vivre ? S'agit-il d'une anthropologie des comportements humains moraux et immoraux ? On a le sentiment que la morale du soin est partagée entre anthropologie des comportements et morale prescriptive tirée de cette anthropologie par opposition à une théorie de la validité et de la non-validité des jugements moraux. Qu'elle soit en ce sens « affaire pas totalement rationnelle » ne peut choquer que les tenants d'une approche déontologique pure.

_____

1. Fabienne Brugère, *L'Éthique du « care »*, Paris, PUF, coll. « Que sais-je ? », 2011, p. 36.

Toutefois, une description de la situation humaine comme fondamentalement dépendante et vulnérable ne peut échapper à l'examen critique.

La morale du soin élargit en effet vertigineusement le champ des notions de dépendance et de vulnérabilité, en en donnant, qui plus est, une description forcée.

Que les hommes soient fondamentalement dépendants les uns des autres n'est pas une découverte – toutes les théories de la famille, des communautés domestiques et de l'enfance l'ont affirmé, de Xénophon et Aristote à Rousseau. Il y a, cependant, dépendance et dépendance, et la dépendance de l'enfant n'est pas celle du vieillard ni celle d'un patron envers un collaborateur ou d'un maître envers un serviteur. Quand les théoriciennes du soin assimilent la dépendance du nouveau-né, du malade, du patron envers sa secrétaire et du marchand envers son fournisseur, elles universalisent à toute force le concept de dépendance aux dépens des complexités de la réalité.

Or, précisément, tous les efforts des théoriciens de la dépendance – il n'en a pas manqué, compte tenu du lien entre dépendance et domination – ont consisté à faire ces distinctions pour identifier des pouvoirs et des devoirs différentiels. Il y a, au contraire, dans les morales du soin un effort de dé-différenciation des faits qui est déjà préoccupant car il introduit confusion et ambiguïté là où on les avait en partie neutralisées. Cet effort devient encore plus préoccupant quand on voit que la confusion est étendue à la notion de vulnérabilité, qui devient la clé de voûte des devoirs de sollicitude compassionnelle.

Les théories du soin ajoutent en effet que la dépendance est révélatrice d'une vulnérabilité ontologique et anthropologique.

Pour donner une idée de cet élargissement ontologique vertigineux, Joan Tronto fait du soin « une activité générique qui comprend tout ce que nous faisons pour entretenir, perpétuer et réparer notre "monde" de sorte que nous puissions y vivre aussi bien que possible. Ce monde comprend nos corps, nous-mêmes et notre environnement, tous éléments que nous cherchons à relier en un réseau complexe en soutien à la vie[1] ».

Dès lors, prendre soin doit s'étendre à tous les êtres du monde puisque tous sont vulnérables dans un monde vulnérable.

Il n'est pas douteux que les formes de la puissance doivent toujours être relativisées en face des choses et des êtres fragiles, mais cette relativisation n'implique pas l'universalisation de la notion de vulnérabilité.

Que les êtres soient non permanents, transitoires, fragiles, ne signifie pas qu'ils sont vulnérables et encore moins que toute transformation est une agression et une blessure. Parler de vulnérabilité, c'est pathétiser des phénomènes très différents qu'on a en général regroupés sous le terme de finitude, qui

---

1. Joan Tronto, *Un monde vulnérable. Pour une politique du* care (1993), Paris, La Découverte, coll. « Textes à l'appui/philosophie pratique », 2009, p. 13.

lui-même renvoie à une théologie de l'infini divin par rapport auquel les créatures sont « finies ».

Ici, la finitude des êtres, des phénomènes et du monde lui-même se voit rebaptisée du nom de vulnérabilité, qui n'est pas plus « innocent » que celui de finitude, et dont l'infini de référence n'est plus théologique mais une improbable santé – et donc une très curieuse vision de la vie comme sacrée, éternelle et attribuable à tous les êtres. En d'autres termes, on peut soupçonner que, sous le terme de vulnérabilité, fait retour une théologie non pas du divin mais de la vie – avec un oubli paradoxal de la mort[1].

En ce sens déjà, les morales du soin expriment les aveuglements de la vision morale du monde : il faudrait que le monde fût sans drame, sans mort, sans destruction – on le reconnaît vulnérable pour mieux s'aveugler face à la réalité de la mort et en y ajoutant l'illusion de pouvoir soigner toutes les blessures.

Les morales du soin dissimulent la finitude sous l'obsession de la réparation. Elles généralisent en même temps la plainte : nous sommes tous vulnérables, tous menacés, tous méprisés – tous blessés.

Jusqu'ici, on pourrait dire, avec quelque ironie, que tout va bien.

Après tout, les descriptions de la nature humaine sont des descriptions de la nature humaine. Elles

---

1. Il me semble symptomatique que plusieurs avocats du soin en France soient aussi particulièrement intéressés par Bergson et son vitalisme.

relèvent, chacune, d'un paradigme culturel daté. Le héros grec ou le Condottiere renaissant à la recherche de la gloire ne sont pas l'homme cartésien transformant les valeurs de la chevalerie en générosité ; l'homme de fidélité et d'engagement dans un projet de vie ou un projet politique n'est pas l'existant irrésolu-en-quête-de-résolution de Heidegger et des existentialistes. L'homme vulnérable et dépendant est encore autre chose.

C'est peut-être l'homme menacé par l'individualisme libéral néocapitaliste, comme le répètent à l'envi les théoriciennes du soin, mais on peut faire remarquer que c'est tout autant l'homme assisté, assuré, « inclus » (par opposition à « exclu »), couvert, protégé par l'État-providence et les services à la personne. Un homme dépendant et même interdépendant, mais dans un réseau de services sociaux.

La correction ambiante veut que les morales du soin, eu égard à leurs si bonnes intentions, échappent à la critique. Il n'est pas interdit quand même de se demander si, quand elles extrapolent leurs concepts de dépendance et de vulnérabilité, elles n'expriment pas tout bêtement la réalité d'un monde de dépendance et de vulnérabilité qui passe son temps à remédier à son triste sort en réclamant assistance et services.

Ce soupçon inquiète d'ailleurs certaines théoriciennes du soin quand elles entreprennent de distinguer entre bons et mauvais soins, entre les politiques d'assistance telles qu'elles devraient être dans un monde authentiquement compassionnel et les politiques d'assistance marchandisées dans l'économie florissante des services à la personne.

Les morales du soin, avec leur ontologie de la vulnérabilité, font en réalité chorus avec la vision morale du monde. La substitution de la notion « molle » de vulnérabilité à celle de finitude, l'extension élastique de celle de dépendance s'accordent bien avec la représentation d'un monde malheureux où les plaintes montent de toutes parts sans que ça donne le moindre tragique à l'existence, où la réalité est enrobée/dérobée au regard par ces plaintes mêmes auxquelles leur propre multiplication enlève tout sérieux.

Si, pour passer de Hegel à Jean Yanne, la vision morale du monde proclame « tout le monde il est beau, tout le monde il est gentil », la philosophie du soin la complète par un « tout le monde il est vulnérable, tout le monde il est malheureux » du plus bel effet.

Ce ne serait pas si grave puisque, après tout, la plupart des morales ne servent pas à grand-chose. Ce qui est grave, en revanche, c'est d'en faire une politique.

Or toute la théorie morale du soin dérive vers la politique.

L'hypertrophie de la notion de dépendance mène en effet directement à considérer les questions de pouvoir et l'inflation de la notion de vulnérabilité conduit à poser la question des politiques d'assistance aux individus dans le *Commonwealth* ou la *Res publica*.

Joan Tronto identifie trois « frontières morales » qui fausseraient notre vision : la distinction entre morale et politique, celle entre relations personnelles et ordre public, et, enfin, la frontière entre sphère publique et sphère privée[1].

Deux de ces prétendues frontières morales méritent un examen particulier.

Et d'abord celle entre morale et politique, celle-là étant conçue comme affaire de relations personnelles « sentimentales » et celle-ci comme affaire d'ordre public, d'allocation de ressources et de principes généraux.

L'extension des sphères de la dépendance, de la vulnérabilité et des tâches du soin pour y faire face a effectivement pour conséquence que la sphère morale initialement bien délimitée envahit la totalité de la vie, qu'il faut donc repenser l'action politique de manière à y faire une place non seulement au soin, mais à la dépendance et à la vulnérabilité.

Le problème est que cette importation des situations personnelles et des contextes dans le champ politique remet en cause des distinctions que la constitution de l'espace politique commun rend indispensables. La création d'un espace politique commun, d'un *Commonwealth* ou d'une *Res publica* implique, en effet, que chacun renonce à certaines de ses différences.

Les théories du contrat social sont, chacune, des variations sur le thème du partage et du renoncement. L'importation de la morale du soin dans l'espace politique n'est pas par principe interdite, mais elle comporte le risque d'affaiblir ce qui est commun et même de le faire purement et simplement disparaître.

---

1. Joan Tronto, *Un monde vulnérable, op. cit.*, p. 33 *sq.*

La deuxième frontière a moins d'intérêt dans la mesure où Tronto voudrait rectifier, au sein même de la théorie morale, un déséquilibre entre approche prescriptive de type kantien et sentiments moraux liés au contexte. Ce prétendu déséquilibre a cependant tout de l'épouvantail (*strawman*) inventé pour réaliser une opération assez suspecte.

Il y a, en effet, chez les théoriciennes du *care*, une obsession d'un kantisme caricatural fabriqué pour faire de Rawls le philosophe à abattre. Or la volonté de présenter la théorie de la justice de Rawls comme l'antithèse constamment vilipendée de la théorie du soin, au même titre que l'individualisme libéral capitaliste, a quelque chose d'aussi significatif qu'inquiétant. Cela revient en effet à soutenir qu'une morale et une politique du soin doivent prévaloir sur une morale et une politique de la justice. Un pseudo-radicalisme du soin devient une alternative à la justice sociale – une justice dont on peut se demander, soit dit en passant, jusqu'à quel point elle a jamais été mise en pratique jusqu'ici et où que ce soit…

La troisième frontière est aussi importante que la première, puisque Tronto n'entend rien de moins que remettre en cause la distinction entre public et privé.

La justification qui en est donnée est aussi respectable que légère : cette distinction aurait servi essentiellement à confiner les femmes dans les activités de soin pratiquées dans l'espace privé.

En voulant à tout prix libérer les femmes de l'espace privé invisible où elles seraient confinées, les théoriciennes du soin ne veulent surtout pas voir que la distinction public/privé a été une conquête longue et difficile à réaliser afin d'établir la spécificité du domaine politique et le droit qui le régit. Le domaine politique est précisément celui de la chose publique et sa délimitation le protège des particularités de l'espace privé, tout comme elle protège ces particularités des empiétements du domaine politique. Les théoriciens contractualistes ont longuement travaillé à construire cette frontière qui, aujourd'hui, devrait être abattue – comme elle l'est d'ailleurs dans les faits en raison des technologies d'invasion et d'exhibition de la vie privée. Au nom donc de la richesse des expériences privées, on remet en cause la spécificité du domaine politique au moment même où l'on prétend le renouveler. Il se peut bien que le soin permette, dans une mesure à définir, de « repenser la coopération sociale, ses valeurs et ses institutions », mais si c'est au prix de la destruction des principes mêmes de la coopération sociale, le jeu n'en vaut pas la chandelle.

Tout ceci est confirmé par les recommandations qui découlent de cette politisation du soin.

C'est ainsi qu'Eva Feder Kittay, partant des situations de dépendance extrême, comme celle des handicaps lourds, estime qu'une morale du soin implique que soient réintégrées dans la communauté morale et politique des personnes considérées jusque-là comme des non-agents. Concrètement, cela signifie que des handicapés lourds doivent être comptés comme des personnes morales au sens de Kant et de Rawls. Ceci conduit Kittay à demander qu'on complète les deux principes de la justice de Rawls (premier principe : principe de la liberté égale pour tous ; second principe : principe de différence, c'est-à-dire d'acceptation des inégalités de ressources sous condition de contribution aux moins bien lotis) par un troisième prenant en compte la dépendance, une sorte de principe de responsabilité sociale comme quoi chacun devrait être pris en considération selon son besoin de soin et sa capacité à en dispenser.

Rien n'est plus sympathique que ce sens extrême de la réciprocité et ce souci des « exclus » de la communauté qui n'ont pas les capacités d'agents, mais, si l'on y réfléchit juste un peu, ce troisième principe détruit le concept même de citoyenneté.

Celui-ci suppose en effet des agents doués de rationalité, de capacités de choisir et d'agir, doués de volonté propre. Ce n'est pas parce que l'on doit traiter avec justice et tact les non-agents qu'il faut en faire des agents pléniers – notion dont on se demande au demeurant ce qu'elle peut bien vouloir dire –, et ce n'est pas l'hypothèse d'instituer des tuteurs ou représentants légaux de ces « agents non-agents » (tuteurs qui d'ailleurs existent déjà !) qui résoudra la question.

Le rôle de l'État, qu'il soit social, providentiel ou libéral, est de veiller à ce que ces non-agents soient traités avec humanité, à ce qu'ils aient la vie le plus autonome possible compte tenu de leur fragilité, ce n'est pas de les mettre en capacité de citoyens – pouvoir que, de toute manière, l'État n'a pas.

On voit bien, à travers le passage à la limite ultra-humanitaire de Kittay (qui réfléchit d'ailleurs à partir du cas de sa propre fille lourdement handicapée), en quoi la projection de la morale du soin dans la politique n'humanise pas la politique mais la dissout. Le propos des doctrines contractualistes, comme on l'a vu au premier chapitre, a été et reste de constituer une communauté solide à partir de citoyens, de faire une société qui tienne, une société robuste, pas d'abord et avant tout une société où toutes les particularités ont voix égale.

Bien sûr, il y a là un risque de restriction de la démocratie.

Tous ceux qui, de Locke aux adversaires de la reconnaissance des femmes comme citoyennes actives, ont mis des conditions restrictives à la citoyenneté peuvent être critiqués. On a mis en avant tantôt des conditions de revenus et d'indépendance financière – suffrage censitaire –, tantôt des conditions de non-dépendance par rapport à des employeurs ou des statuts particuliers – militaires, fonctionnaires, ecclésiastiques, domestiques –, tantôt des conditions de maturité (âge de vote), ou encore des conditions de non-dépendance domestique (femmes soumises à leurs maris), et même des conditions d'éducation (alphabétisation, niveau d'études). Ces conditions restrictives jouaient toujours effectivement en faveur de certaines catégories sociales dominantes – les propriétaires, les mâles, les adultes, les riches, etc.

Sauf que le concept de conditions d'accès à la citoyenneté ne perd pas sa pertinence. Ce n'est pas parce qu'on doit écarter les restrictions inégalitaires que l'on doit écarter toutes les restrictions – ou alors il faut carrément admettre de penser la société en d'autres termes que ceux de la communauté démocratique. C'est tout à fait possible : il y a des communautés tribales, des théocraties religieuses, des patriarchies ou matriarchies, des États totalitaires ethniques ou non, mais, chaque fois, ce sont d'autres déterminations (et donc *ipso facto* d'autres restrictions) qui définissent le type de communauté et, surtout, on ne peut plus parler de démocratie ni de citoyenneté.

Les théoriciennes du soin avouent tout cela à demi-mot en parlant de « démocratie pluraliste ». Fabienne Brugère conclut ainsi son livre en disant : « Un État selon le soin ne se fait pas sans la société civile comprise dans sa pluralité. Repartir des différences sans pour autant renoncer à construire un monde commun, c'est redonner un pouvoir de création à la société contre les risques d'une société trop homogène, verrouillée par des normes et des règles de reproduction sociale[1]. »

Parler ainsi de pluralisme, de société civile dans sa pluralité, signifie introduire partout la singularité, les récits et les expériences, créer une « démocratie sensible », faire surgir ce qu'il y a de politique dans le privé, « défendre la thèse d'une non-séparation des sphères de vie ».

Là est bien le problème.

Que les sphères de vie ne sont pas séparées, chacun d'entre nous le sait pour le vivre. Maintenant, l'effort pour construire et mettre en ordre la vie sociale

---

1. Fabienne Brugère, *L'Éthique du « care »*, *op. cit.*, p. 121-122.

et politique suppose justement que l'on sépare les sphères de vie – que l'on n'importe pas la vie familiale dans le travail ni l'inverse, que l'on n'importe pas la croyance religieuse dans la vie politique ni l'inverse, que l'on ne mélange pas vie sexuelle et vie politique ni l'inverse, etc. Ce peut être vu comme une mutilation, mais c'est aussi la condition d'une mise en ordre et de la paix. Une vie n'est pas la fusion angélique de vies multiples ni leur coexistence chaotique dans le style DSK, mais leur harmonisation et cette harmonisation suppose des choix, des hiérarchisations, des préférences et des sacrifices. C'est l'homme contemporain, Narcisse et Fregoli à la fois, qui veut tout à la fois, mais tout avoir à la fois c'est aussi l'incohérence et la confusion – ou une galerie transformiste de métamorphoses.

Le soin devenu théorie politique cherche à faire passer pour polyphonie cette confusion.

Polyphonie ? L'idée est présente en des termes peu différents chez les théoriciennes du soin. Pour elles, repenser la citoyenneté au prisme du soin c'est en effet faire advenir une société démocratique et pluralisée, c'est, plus significativement encore, *redéfinir l'égalité démocratique comme égalité de voix*. Rien de plus séduisant que cette expression qui semble nous ramener aux origines mêmes de la démocratie (un homme, une voix). Sauf qu'il ne s'agit plus de cela, mais de faire entendre la diversité des voix : l'égalité des voix est celle d'*une démocratie expressive* – où chacun fait entendre sa voix pour affirmer sa différence et réclamer du soin, pour être soi dans une démocratie passive.

La démocratie comme égalité de voix, la démocratie pluraliste, de par son concept même, ne risque pas de susciter beaucoup de commun. Il y a trop de différence entre les différences. En revanche, elle étale, exhibe et démultiplie les besoins à proportion qu'ils s'expriment. Non seulement la volonté du commun – la volonté générale de ces naïfs de contractualistes – devient gazeuse et vaporeuse et s'évapore comme la rosée au petit matin, mais les différences pluralistes prolifèrent et, cette fois, c'est l'égalité qui en fait les frais : « La vulnérabilité détruit le mythe selon lequel nous sommes des citoyens immédiatement égaux, rationnels et autonomes. Elle remet en cause l'ordre théorique qui fonde la possibilité d'un discours démocratique sur la politique[1]. »

Il suffisait de le dire.

On peut même en faire des programmes.

C'est ainsi que, récemment, le discours du Parti socialiste français, celui du courant dirigé par Martine Aubry, s'est enrichi de la panoplie du *care*.

Il s'agit d'abord de réintégrer dans le lien social les vies les plus « vulnérabilisées », celles que les aides sociales rendent encore plus dépendantes – de quoi ? De tout, à commencer des aides sociales. Il s'agit donc de faire revenir dans le lien social ces populations exclues ou invisibles. Comment ? Le travail social sera mis à contribution.

Il s'agit ensuite de créer un nouvel esprit des politiques publiques. Comment ? Par la création de droits

---

1. Fabienne Brugère, *L'Éthique du « care »*, *op. cit.*, p. 82.

nouveaux : « le droit à recevoir des soins et à être véritablement reconnu dans une relation dédiée aux autres pour le bon fonctionnement de la société ». C'est évidemment à l'État de s'en occuper.

Troisième recommandation, enfin, pour le service public toujours : retrouver le chemin de la proximité et, on n'osait plus l'espérer, être attentif « à l'expression des capacités d'agir des citoyens collectivement et individuellement ». Rien n'est dit, en revanche, sur les dispositions concrètes pour recueillir « l'expression des capacités d'agir ». Ce devrait être la tâche des associations subventionnées et des agences d'État de les définir.

L'appel aux différences et au pluralisme débouche évidemment aussi sur la pluralisation des droits et de l'égalité : le « à chacun selon ses besoins », déjà pas facile à interpréter, devient un « à chacun selon ses vulnérabilités ».

J'ai montré dans un autre ouvrage[1] comment la pluralisation du concept d'égalité menait à une conception de l'égalité-guichet. La chose ici est patente. De l'État-guichet on passe maintenant, soin oblige, à l'État-dispensaire.

Résumons.

La transformation de la morale du soin en politique du soin ramène la conception de la démocratie de l'idée de construction d'une communauté solide

---

1. Yves Michaud, *Qu'est-ce que le mérite* (2009), Paris, Bourin, rééd. Paris, Gallimard, coll. « Folio essais », 2011.

à celle d'une expression des différences et des souffrances.

Elle la fait régresser de l'idée d'une construction assumée commandant l'adhésion à celle d'une organisation de réponses aux besoins. Elle la fait régresser de l'idée d'unité active à celle de pluralité passive. Elle la fait enfin régresser de la différenciation organisée à l'indifférenciation.

Quand tout le monde est vulnérable, quand le monde, environnement compris, doit être protégé et réparé, quand tout doit être soigné, en l'absence d'un Réparateur divin, il ne peut plus y avoir de salut que par l'État, nouveau Christ, même quelque peu bureaucrate et grisâtre, puisque aucune conscience humaine n'est assez vaste et généreuse pour dispenser autant de sollicitude et de compassion.

Les morales/politiques du soin opèrent une dissolution conceptuelle du champ politique parfaitement contradictoire avec tout l'effort de distinction et de catégorisation mené pour asseoir non seulement la spécificité de ce champ (si ce n'était qu'une affaire de concept, ça n'aurait pas trop d'importance !), mais aussi la spécificité des conduites qui peuvent ou ne peuvent pas y être menées. Il y a là une négation morale de la politique, qui entraîne avec elle tous les aveuglements à la réalité qui ont été dénoncés – une vision purement morale, et donc platonique, du monde, une célébration irresponsable des différences et du pluralisme, une incitation à la prolifération de groupes catégoriels et de communautés rongeant, « par en dessous » ou « par en bas », la communauté politique.

Les morales/politiques du soin en reviennent, sans que ce soit une surprise, à Filmer plutôt qu'à Locke[1], à la patriarchie plutôt qu'à la démocratie, au gouvernement des familles, des pasteurs, des prêtres, des accompagnants, des coaches, des soignants, des *badanti* et des nounous, plutôt qu'à la souveraineté du peuple souverain dans lequel se sont unis des citoyens.

En apparence, c'est un merveilleux progrès humain que ce déluge de bienveillance, de sollicitude, de soin, d'attention et d'égards en comparaison du froid Léviathan. Sauf que, lorsque toute cette bienveillance a pour effet qu'il n'y a même plus de Léviathan et que, pour paraphraser ironiquement Hegel, règne « la nuit où toutes les vaches souffrent », on a perdu jusqu'au monde dans lequel peut advenir la bienveillance.

Il n'y a plus pour les belles âmes qu'à s'assurer en chœur de la pureté de leurs illusions.

---

1. Le *Patriarcha or the Natural Power of Kings* (1680) de Robert Filmer, théoricien de l'absolutisme des rois et du pouvoir des pères, est la cible du *Premier traité du gouvernement civil* de Locke (1688), dont on ne lit en général que le *Second Traité.*

Conclusion

Si recommander la bienveillance, la sollicitude, l'attention, le soin – qu'on appelle le *care* comme on voudra – n'a rien de pendable quand on s'en tient à la morale avec ses limites, faire du soin le principe d'une politique entraîne une cascade de conséquences inacceptables.

L'obsession de la bienveillance et du soin conduit à accepter toutes les différences, pour peu qu'elles invoquent les excuses de la vulnérabilité, de la souffrance, et de la minorité. Elle favorise donc les revendications communautaristes qui s'avancent masquées sous des dehors de plaintes.

C'est ainsi que, aujourd'hui, en France, voire en Europe, la moindre critique de l'islam rencontre aussitôt l'accusation d'islamophobie et déclenche les discours d'excuse de la bien-pensance. Non, l'islam n'est pas intolérant ! Non, l'intolérance en son sein est uniquement le fait de minorités ! Et, de toute manière, c'est la religion des ex-colonisés et des opprimés. Pour s'inspirer du titre d'un livre récent, nous devrions tous être des musulmans !

L'obsession de la bienveillance et du soin nous fait aborder avec compassion les plaintes, toutes les plaintes, et, en ce sens, valide et renforce toutes les revendications populistes les plus démagogiques – puisque ce sont chaque fois des victimes qui parlent et qu'il faut écouter : victimes du capitalisme, victimes de la mondialisation, victimes de la technologie, victimes de la concurrence, victimes de la classe politique, victimes de leurs échecs scolaires, et, finalement, victimes d'elles-mêmes.

Dès lors que l'on parle de victimes, il y a aussi des agresseurs ; et comme ces agresseurs sont dissimulés par le fameux « système », non seulement la démagogie mais aussi le conspirationnisme peuvent se donner libre cours.

L'obsession de la bienveillance et du soin, quand elle s'étend à l'ensemble du monde des êtres sensibles, à la planète tout entière, conduit en politique internationale à promouvoir partout les droits de l'homme, l'action humanitaire, les grands engagements idéalistes, qu'ils concernent la lutte contre les tyrannies, la défense des opprimés ou les combats écologiques.

Bienveillance et vision morale du monde, dans tous les cas, nous font nous aveugler face à la réalité – face à la réalité de l'affrontement religieux, face à la réalité du populisme démagogique, face à la réalité d'un monde international où prévalent comme par le passé la force et les intérêts.

Le paradoxe de cette souffrance, si complaisamment débusquée, n'est pas mince : elle engendre l'anesthésie à la réalité et l'aveuglement aux faits. La souffrance et son accompagnement, le dolorisme, servent une fois de plus de paravent à la réalité.

Le mérite des événements récents aura été, est et, hélas, sera encore de nous ramener brutalement et mortellement au réel.

Non, il y a des croyances insupportables et intolérables ! Non, le populisme n'est pas une illusion qui se dissipera d'elle-même ! Non, la politique internationale n'obéit pas aux chartes du droit international ni aux conférences pour la paix et encore moins aux actions humanitaires !

Il importe donc d'ouvrir les yeux et de nous réveiller des illusions de la croyance religieuse, du populisme et de l'idéalisme humanitaire.

Face aux réalités du multiculturalisme, il n'y a pas à emboîter le pas à ceux qui le célèbrent comme une richesse. Nous sommes effectivement dans un monde multiculturel et ce fait ne commande pas plus l'acquiescement que le rejet : il est là. Cela doit nous conduire, comme ce fut le cas pour les penseurs contractualistes, à réfléchir à quelles différences peuvent être acceptées au sein d'une communauté forte et quelles différences sont à proscrire.

Les différences religieuses « actives », militantes, celles qui débordent le for intérieur, doivent être proscrites – sauf à réintroduire une religion d'État qui, *ipso facto*, réglerait le problème en excluant la possibilité d'adopter d'autres croyances. En un sens, les pays musulmans qui obligent leurs membres à être de religion musulmane en les empêchant de la quitter, qui refusent de reconnaître l'athéisme (les mécréants), résolvent à leur manière le problème de la construction d'une communauté forte.

Sauf que ce n'est pas « culturellement » notre conception de la démocratie, et donc il nous faut contenir les croyances religieuses dans le for intérieur en exigeant (je dis bien : exiger) la reconnaissance par tout croyant, quel qu'il soit, du seul droit positif de la communauté.

Sur d'autres points, la réflexion est à approfondir et à nuancer, mais, par exemple, si l'accès aux langues minoritaires peut être facilité, celles-ci ne peuvent en aucun cas avoir un usage public officiel. Il faut qu'il y ait une langue de la *Res publica*, le français. De même pour les matières enseignées dans les écoles ou l'accès aux soins. Les différences culturelles doivent demeurer des différences culturelles sans jamais devenir des différences politiques.

Cet « autoritarisme » choquera les bien-pensants, mais il est la condition d'une communauté robuste qui est aujourd'hui à reconstruire, en refusant d'aller plus loin dans sa dissolution.

À l'inverse, certaines libertés doivent être réintroduites : les lois mémorielles doivent être abolies, les droits exorbitants donnés à certaines associations d'ester en justice et qui sont un encouragement au communautarisme doivent être eux aussi abolis.

Quant à ceux qui n'accepteraient pas cette idée du commun, ils peuvent, comme le disait Rousseau, « partir avec leurs biens », mais s'ils s'engagent dans des menées contre la communauté, le retrait graduel des droits sociaux et des droits civils et, pour finir, la déchéance de la nationalité s'imposent[1].

Face au défi populiste, il ne sert à rien d'agiter les épouvantails identitaires.

Certes, les identités nationales, régionales, locales « existent », mais, soyons sérieux, elles existent d'une drôle de façon. Car elles sont toutes plus ou moins (et plutôt plus que moins) fictives et fabriquées. Qu'il s'agisse de l'identité des personnes, des groupes ou des choses, il n'y a pas de substantialité de l'identité. Toute identité est une construction et une fiction.

Être français, c'est quoi aujourd'hui ? Sûrement pas être un patriote de 1914 partant pour Berlin, ni un Gaulois ethnique, ni un Gaulois chrétien, ni un Gaulois amateur de vin et de cochonnailles. C'est à la rigueur parler français (plus ou moins bien), être cocardier, adorer la bureaucratie, s'identifier à des clubs de football qui n'ont rien d'identitaire – et bricoler une identité fictive/hystérique à partir de tous les traits qui viennent d'être énumérés, plus quelques autres *ad libitum.*

En revanche, l'identité d'un citoyen français est, elle, bien définie : par une forme de constitution et de

---

1. Voir l'appendice 3.

gouvernement, par la liberté de conscience et d'expression, par l'assistance d'un État-providence encore efficace. Il s'agit donc, ici encore, face au populisme, de reconstruire le commun, mais un commun de volonté et de choix, pas d'identité. De ce point de vue, il ne sert strictement à rien de promouvoir encore et toujours la diversité : celle-ci se porte très bien toute seule.

Il importe en revanche de promouvoir et de défendre la justice des répartitions des contributions.

La lutte contre le populisme ne peut en aucun cas passer par la récupération des revendications catégorielles des différents groupes affectés par les fractures qui ont été analysées au chapitre 2 de ce livre. Les partis s'épuiseront à un marketing de niche sans réussir à persuader l'électorat séduit par le populisme qu'ils veulent son bien.

Le seul remède aux fractures qui alimentent le populisme, c'est une politique de justice.

S'il y a, ici, une pensée pertinente, bien qu'elle soit inexplicablement ignorée à droite comme à gauche, c'est celle de John Rawls dont *La Théorie de la justice* est plus d'actualité que jamais : principe de la plus grande liberté pour tous et principe de différence, c'est-à-dire acceptation des inégalités sous condition qu'elles bénéficient, par la répartition fiscale, aux plus démunis.

Derrière les revendications populistes, il y a toujours le sentiment d'être victime d'injustices – mais ces injustices ressenties sont chaque fois si particulières qu'on ne peut faire de leur somme un ensemble cohérent.

Il faut donc promouvoir un ordre juste répartissant équitablement contributions et rétributions.

Au nom d'un égalitarisme sans vision, on a multiplié d'un côté les aides sociales en créant un enfer de réglementations et, dans le même temps, au gré des besoins, au gré des interventions économiques jugées indispensables dans tel ou tel secteur, au gré aussi de la perception des catégories sociales à punir fiscalement ou à favoriser, on a fait de la fiscalité un monstre de dérogations, incitations, contributions spéciales ou exceptionnelles, de taxes et de niches. D'où le sentiment, chez tous, que le système fiscal est injuste. Seule une grande et radicale réforme fiscale articulée sur la progressivité large de l'imposition de tous les revenus, lisible et simplificatrice, pourra mettre fin au sentiment d'injustice généralisé qui est à la racine du populisme et, en même temps, rendre les citoyens conscients qu'ils appartiennent pour de bon au même monde et à la même communauté politique – qu'ils sont sur le même bateau.

Enfin, en ce qui concerne la politique internationale, il faut cesser de faire l'autruche humanitaire.

Bhlisme (l'idéalisme de la bling-bling politique), kouchnerisme (l'idéalisme du baba humanitarisme) et hulotisme (l'idéalisme de l'ULM-écologie), variétés de l'affairisme compassionnel et communicationnel, doivent être renvoyés là d'où ils n'auraient jamais dû sortir : à la rubrique mondaine.

Il est temps de mener une politique internationale tenant compte des pesanteurs historiques, des temps longs de l'histoire, des intérêts des uns et des autres (y compris des siens propres), des rapports de force passés, présents ou qui se dessinent, en s'appuyant sur l'expertise des historiens, des diplomates, des démographes, des anthropologues de la culture. On aura remarqué que je n'ai mentionné ni les économistes, qui, dans leur variété française, ont déjà du mal à prédire ce qui est arrivé sans qu'ils s'en aperçoivent, ni les hommes d'affaires qui, toujours dans la variété française, sont soit d'anciens fonctionnaires, soit des prédateurs, et, en général, les deux.

Cette politique réaliste doit se concentrer sur un point qui nous concerne tout particulièrement : la construction d'une Europe fédérale et non plus la fiction d'une Europe des États-nations qui ne veut rien dire, ce qui implique du coup que les contours de cette Europe fédérale ne soient pas flous et que l'on y réfléchisse à deux fois avant tout nouvel élargissement.

La violence des faits a ceci de bon qu'elle fait revenir sur terre.

Mais revenir sur terre n'est pas renoncer au rêve ni à l'utopie.

Le paradoxe de notre situation est que nous n'avons plus de capacité de rêve ni d'utopie car nous n'avons plus de vision.

C'est cette capacité de vision en se projetant à partir des faits qui est à retrouver.

Avec elle reviendra celle d'utopie et de rêve.

Le 26 août 2015.

Appendices

Appendices

APPENDICE 1
Bienveillance du XVIIIᵉ siècle et *care*

Des auteurs comme Joan Tronto[1] déplorent que, au cours du XVIIIᵉ siècle, les morales du sentiment aient, sous l'effet des transformations économiques et sociales, dû céder le pas devant le moralisme déontologique du devoir et des bonnes volontés.

Faute d'information historique sérieuse et d'attention aux textes, la version que donnent ces auteurs de ce changement de paradigme ignore le fait que les premières morales de la bienveillance, ce qu'on a parfois appelé le « sentimentalisme », de Hutcheson à Smith en passant par Hume, Butler et Shaftesbury, n'ont nullement été neutralisées et remplacées par les morales déontologiques. Elles avaient, dès le départ, un objectif de délimitation de la morale et de la politique, et l'objet de ces philosophes était de montrer que, si l'homme est moins méchant que ne le disaient les penseurs des XVIᵉ et XVIIᵉ siècles, sa bienveillance limitée doit elle-même être organisée et encadrée pour produire tous ses effets – qui ne sont pas politiques mais moraux.

---

1. Voir note de la page 144.

Hutcheson traite de la bienveillance dans son *Essai sur la nature et la conduite des passions* de 1728.

Il y voit un « calme désir du bonheur des autres », avec une dimension universelle, mais cette passion calme peut être perturbée ou inhibée par les passions plus personnelles comme la joie, la tristesse, le désespoir et par les commandements de l'intérêt. Qui plus est, elle peut, elle aussi, recevoir par association trop d'intensité qui la rend partiale, comme dans les cas du patriotisme, du zèle religieux, de l'héroïsme, ou du zèle politique. Le sens moral des affections bienveillantes doit donc être cultivé, contrôlé et maîtrisé. Hutcheson ne fait justement pas de la bienveillance le moteur de la construction politique : elle produit des associations, une inclination à prêter assistance et à ne pas faire de mal, mais si les affections mauvaises comme la rapacité ou l'ambition viennent s'opposer à elle, c'est à cause de l'État civil/politique. La société politique est trop complexe pour être régie par la seule bienveillance et on ne peut fonder sur cette dernière que des actions morales.

Les considérations de Butler sur la bienveillance dans ses fameux *Sermons* de 1726 portent sur les relations entre bienveillance et vertu, sans la moindre considération de l'État politique, et, ici encore, il s'agit de bien définir la part de la bienveillance dans les actions morales et de trouver l'équilibre entre elle et l'amour de soi.

Il n'en va pas différemment chez Hume, qui étudie la bienveillance en même temps que les passions (livre II du *Traité de la nature humaine* de 1740) au titre des passions indirectes et en fait une « passion calme », qu'il distingue de l'amour et aussi de la sympathie, qui

obéissent à d'autres mécanismes psychologiques. Le
plus intéressant, au regard du sujet de ce livre, est que
Hume, quand il en vient à expliquer le concept de justice au livre III du même traité, va l'analyser en termes
d'intérêt et de convention en le dissociant totalement
du concept de bienveillance. Ce n'est pas la bienveillance qui explique la justice, mais la combinaison de
l'intérêt et de la convention. La justice est destinée
à remédier à notre égoïsme et à notre cupidité dans
un monde où les ressources sont limitées. La bienveillance de l'homme est réelle, mais elle est limitée et elle
s'étend trop peu, confinée qu'elle est souvent à l'en-
tourage immédiat ; il faut donc un système de règles de
justice pour mettre de l'ordre dans ce désordre passion-
nel. Si la bienveillance avait une autre étendue et une
autre force, et si le monde regorgeait de ressources, il
n'y aurait pas besoin de justice. Les bases de l'organisation politique reposent donc plus sur la reconnaissance
de la nécessité de la coopération que sur la bienveillance. La coopération est nécessaire dans une situation
de rareté et entre des êtres égoïstes et cupides.

On est donc, ici encore, loin d'une explication qui
accorderait une place décisive à la bienveillance dans
les affections humaines, et surtout qui en ferait un res-
sort politique.

Quant à Adam Smith, sa version de l'ajustement des
sympathies par mise à la place de l'autre dans sa *Theory
of Moral Sentiments* de 1759 est, de la même manière, destinée à régler la bienveillance tout en facilitant la compassion. Ici encore la visée de la théorie est morale et
la conception que Smith se fait du lien social est plus
proche de celle de Hume que fondée sur la bienveillance : celle-ci « est un ornement qui rend la construction

plus agréable, pas la fondation qu'il la fait tenir ; aussi est-il bon qu'elle soit recommandée, mais elle n'a pas à être imposée. En revanche, la justice est le pilier principal de tout le bâtiment ».

Pour en revenir aux morales du soin/*care*, il faut donc nettement marquer la différence : alors que celles-ci importent un émotivisme moral dans la théorie politique, les « sentimentalismes » du XVIIIe siècle se gardent bien d'en faire autant et reconnaissent au champ politique une spécificité particulière : la morale reste pour eux à part de la politique. *A contrario*, les théories du soin dissolvent la politique dans la morale.

APPENDICE 2
La peur de la liberté

Je propose à la réflexion le compte rendu fidèle d'un échange que j'eus avec un chauffeur de taxi le 11 décembre 2014 à Paris.

Ce dialogue avec un croyant fondamentaliste en dit, il me semble, long sur les raisons d'adopter un fidéisme et un ritualisme obscurantistes stricts – il s'agit de cadrer sa vie, de fuir la liberté et de trouver la parfaite sécurité dans la croyance.

« Je prends tout en haut du 19ᵉ arrondissement un taxi pour rapporter chez moi un tableau de Thierry Diers. Le chauffeur, barbu mais en pantalon et pull-over, écoute une radio où des gens parlent. Il coupe la radio et me dit qu'il ne comprend pas comment des tableaux qui ne ressemblent à rien peuvent valoir si cher (très cher pour lui, c'est 300 000 euros) et qu'il n'en voudrait que pour les vendre – je ne lui ai pas montré le tableau.

Je lui dis que ça dépend des goûts. Il me dit qu'il n'accepte que ce qui vient de la nature et de Dieu. Je comprends que j'ai affaire à un musulman. Je lui dis qu'il y a eu des époques où les gens avaient la folie des tulipes et payaient pour elles des prix fous. Il me dit : "Oui mais ce sont des fleurs de Dieu." J'aurais dû lui rétorquer que les peintres aussi sont des créatures de Dieu et donc leurs œuvres aussi, mais, sur le coup, j'ai manqué d'esprit de repartie. Je reprends en lui disant que le goût se forme avec l'expérience. Je cherche un exemple et évite d'abord celui de la musique car je me doute que ça ne va pas passer. Je lui parle des parfums et des capacités à identifier les odeurs, qui s'éduquent. Il en convient. Je me risque alors à la musique et lui explique qu'on n'a pas les mêmes goûts quand on commence à en écouter et quand on a l'oreille exercée. Il comprend ce que je veux dire mais visiblement ne veut pas s'engager sur ce terrain. Je lui demande s'il aime la musique. Il me répond : "Oui, mais j'évite d'en écouter. C'est comme la drogue, dit-il, ça vous met en transe et rend addict. C'est comme les jeux aussi – et alors on en oublie ses prières."

Comme la discussion marche bien, je lui demande ce que la religion lui apporte en lui disant que, moi, je ne suis pas croyant.

Il devient intarissable.

La religion, la vraie, lui apporte un bonheur complet de l'âme et l'accompagne dans tous les moments de sa vie. Il y a des prières pour tous les moments, au lever pour remercier Dieu de sortir de la petite mort du sommeil, avant de manger, avant d'aller aux toilettes et quand on en sort. Toute sa vie est baignée en Dieu. Et puis il se lance sur la charia, la seule loi qui vaille parce que c'est la loi de Dieu, une loi qui dit tout sur toutes les situations : comment se conduire avec ses amis, sa femme, ses enfants, ses voisins, ses ennemis. La charia est la seule loi et les lois humaines inspirées par Satan, que les hommes changent tout le temps comme ça leur convient, sont impies. Elles devront disparaître.

Je comprends petit à petit qu'il trouve dans la religion un cadre absolu et indiscutable pour toutes ses activités et toute sa vie. Il dit même à un moment que la religion encadre et protège de toutes les passions. Je lui dis que le yoga aussi. Il me dit que le yoga et le bouddhisme ne sont pas des religions – mais sont de la philosophie ou de la sagesse. Je lui dis que, de toute manière, je ne crois pas parce que je ne crois pas en la révélation. Il me dit que je n'ai pas lu le bon livre, le seul, le Coran apporté par Mahomet. Nous arrivons à destination. Il a parlé raisonnablement, calmement et courtoisement tout au long. Il est plutôt sympathique. J'ai l'impression d'avoir parlé avec un mur et je m'en veux de ne pas lui avoir demandé comment il traite les infidèles. Nous sommes dans deux mondes totalement étanches l'un à l'autre. Cette conversation a duré entre Belleville et Saint-Germain-des-Prés. Je suis perplexe. »

APPENDICE 3
Sur la déchéance de nationalité

Le projet de priver de leur nationalité les citoyens qui se livreraient à des actions terroristes ou iraient combattre dans des rangs ennemis (même si ce ne sont pas ceux d'un État à proprement parler) a déclenché un débat qui demande à être clarifié. J'y suis favorable mais sous des modalités élargies et pour des raisons différentes de la seule crainte du terrorisme.

Il faut d'abord souligner qu'une telle possibilité peut être envisagée pour deux sortes de raisons.

Les premières sont pratiques : il s'agit de se donner les moyens de se débarrasser de citoyens dont les menées remettent en cause l'État et la communauté en les expulsant du territoire national ou en les empêchant d'y revenir.

Derrière ce souci pratique (empêcher de revenir, expulser), il y a le sentiment moins avouable que les actes terroristes (massacres de masse, séquestrations avec tortures, meurtres religieux) sont mal sanctionnés par le droit pénal en l'absence de peine capitale et même de

172

peine de perpétuité effective compte tenu des conventions internationales ratifiées qui limitent la durée des peines de sûreté. De ce point de vue, la déchéance de la nationalité est conçue comme une peine de mort civique substitutive.

Il n'y a là rien neuf : le droit pénal « ordinaire » ou « coutumier » n'est pas adapté aux temps de guerre ni aux crises graves. Dans des conditions exceptionnelles, on proclame (ou proclamait) la loi martiale qui généralisait les peines lourdes et notamment la peine de mort, l'état d'urgence ou l'état d'exception qui permettent de s'affranchir des contraintes trop rigides du droit.

Des raisons de cet ordre ont été invoquées pour justifier d'abord la proclamation de l'état d'urgence en novembre 2015 en France, puis le projet d'instauration d'une déchéance de la nationalité pour les citoyens français binationaux pratiquant le terrorisme ou revenant de séjour dans les organisations terroristes à l'étranger.

D'autres raisons ont à voir avec le contrat social instituant la communauté civique.

Il est intellectuellement et émotionnellement difficile d'admettre que des ennemis intérieurs de cette communauté, niant les principes républicains de liberté, d'égalité et de fraternité, massacrant leurs concitoyens, sanctionnant eux-mêmes ceux qu'ils considèrent comme des blasphémateurs ou des mécréants et s'arrogeant le pouvoir de châtier et de tuer, continuent à faire partie de la communauté. Par leurs actes-mêmes, ils s'en excluent.

Aussi bien pratiquement que politiquement, la déchéance de la nationalité paraît donc une solution raisonnable, qui fut d'ailleurs retenue par le passé.

Ainsi la Constitution révolutionnaire du 24 juin 1793 en France affirme que :
« L'exercice des droits de citoyen se perd – Par la naturalisation en pays étranger – Par l'acceptation de fonctions ou faveurs émanées d'un gouvernement non populaire ; – Par la condamnation à des peines infamantes ou afflictives jusqu'à réhabilitation » (article 5) ;
« L'exercice des droits de citoyen est suspendu – Par l'état d'accusation ; – Par un jugement de contumace, tant que le jugement n'est pas anéanti » (article 6).

Que des régimes racistes (l'Allemagne nazie) ou oppressifs (URSS) aient utilisé la déchéance de nationalité de manière scandaleuse ne change rien : leur « communauté » n'avait rien de contractuel. Les articles 5 et 6 de la Constitution de 1793 ne font en revanche état ni de critères de race ni de critères d'adhésion idéologique mais de trahison (« naturalisation en pays étranger ») ou de menées délictueuses graves menant à condamnation. En d'autres termes, la déchéance de la nationalité[1] sanctionne la rupture du contrat social, qui peut tenir à des faits de trahison mais aussi à des crimes. Il n'est pas jusqu'au problème de l'apatridie qui ne se fasse jour dans ces dispositions, puisque la perte de la citoyenneté est entraînée par l'acquisition d'une autre nationalité (« naturalisation en pays étranger ») ou bien en raison de crimes, sans qu'il soit alors question d'autre nationalité.

----

1. Même si le texte constitutionnel parle de « citoyenneté », il identifie clairement citoyenneté à citoyenneté française.

En ce qui concerne la situation présente, la République française a signé la convention sur la réduction des cas d'apatridie en 1961 à New York sous l'égide des Nations Unies.

Étrangement, il semble qu'elle ne l'ait pas « ratifiée », ce qui signifie que la France n'est en réalité pas engagée par cette convention.

Ajoutons que, comme pour beaucoup de conventions internationales ayant un impact important sur les droits nationaux, beaucoup de pays n'ont pas signé cette convention, en particulier la Russie, la Chine ou les États-Unis.

Néanmoins, dans ses textes juridiques, la France s'interdit de créer des apatrides (article 25 du code civil).

C'est pourquoi, je suppose, la première idée retenue fin 2015 sous le coup de l'urgence et de l'émotion a été de priver de leur nationalité les seuls citoyens binationaux engagés dans des actions terroristes – puisque ceux-ci ne se retrouveraient pas du même coup apatrides.

Le problème est qu'un tel traitement, s'il permet d'interdire en pratique le séjour ou le retour de terroristes « nationaux/étrangers », crée *de facto* deux catégories de citoyens : les français mono-nationaux protégés en quelque sorte de la déchéance par l'impossibilité de devenir apatrides et les bi voire multinationaux qui y sont exposés. L'argument de la rupture d'égalité ou de la discrimination n'est donc pas dépourvu de portée.

On pourrait faire valoir, d'un point de vue plus moral que politique, que dans les faits les citoyens ayant plusieurs nationalités jouent souvent sur plusieurs tableaux en prenant ce qui leur est le plus avantageux dans chaque nationalité[1], mais ce n'est justement pas un argument purement politique.

Si on abandonne le plan des considérations sentimentales et moralisantes (comme mon livre s'y efforce), on constate que rien, en fait, n'interdirait aujourd'hui d'adopter une position plus générale et plus cohérente, respectueuse aussi bien des principes de l'État que du droit international et des droits des individus – à savoir que tous les citoyens, quels qu'ils soient, peuvent, dans certains cas, être déchus de leur nationalité, y compris quand cela les expose à l'apatridie.

Personne ne peut nier, sauf s'il est de complète mauvaise foi, que l'appartenance à une communauté civique, fût-elle due aux hasards de la naissance, suppose l'adhésion explicite ou, en tout cas, le respect des principes de cette communauté, tels qu'ils sont exposés dans le texte constitutionnel.

En ce qui nous concerne, ces principes sont exprimés par la constitution française de 1958 sous sa dernière version amendée, accompagnée qu'elle est de la Déclaration des droits de l'homme qui en forme le préambule.

Un « acte qualifié de crime ou délit constituant une atteinte aux intérêts fondamentaux de la Nation ou un crime ou un délit constituant un acte de terrorisme »,

---

1. Ce dernier argument pourrait cependant servir à soutenir, politiquement cette fois, qu'un citoyen français ne doit pas avoir d'autre nationalité et que lorsqu'il a une nationalité dont il ne peut se défaire, il doit renoncer à la nationalité française. Ceci nous emmènerait trop loin même si la question des loyautés multiples dans un monde lui-même de grande diversité est une question sérieuse qui mérite réflexion.

pour citer l'article 25 du code civil traitant de la déchéance de la nationalité[1], constitue évidemment un cas de négation patente des principes de la communauté politique et doit donc entraîner la déchéance de la nationalité. Par son acte même, celui qui était un citoyen parmi les autres, avec les mêmes droits, s'est exclu de la communauté civique.

Il faudrait juste reformuler ce que signifie « atteinte aux intérêts fondamentaux de la nation ».

Pour des raisons évidentes d'actualité et de traumatisme, le débat s'est en effet concentré sur le seul terrorisme alors que d'autres « atteintes » au contrat social sont tout aussi graves et constituent aussi des négations des principes de la communauté, même si elles sont moins spectaculaires ou moins scandaleuses (et encore !).

La fraude fiscale massive et organisée, l'expatriation fiscale constituent des atteintes caractérisées à la solidarité civique. De même, les actes de barbarie et d'inhumanité accompagnant certains crimes (tortures,

---

1. Article 25 du code civil : « L'individu qui a acquis la qualité de Français peut, par décret pris après avis conforme du Conseil d'État, être déchu de la nationalité française, sauf si la déchéance a pour résultat de le rendre apatride :

1) s'il est condamné pour un acte qualifié de crime ou délit constituant une atteinte aux intérêts fondamentaux de la Nation ou pour un crime ou un délit constituant un acte de terrorisme ;

2) s'il est condamné pour un acte qualifié de crime ou délit prévu et réprimé par le chapitre II du titre III du livre IV du code pénal ;

3) s'il est condamné pour s'être soustrait aux obligations résultant pour lui du code du service national ;

4) s'il s'est livré au profit d'un État étranger à des actes incompatibles avec la qualité de Français et préjudiciables aux intérêts de la France. »

séquestrations avec torture – je pense à l'enlèvement d'Ilan Halimi en 2006 par le gang raciste de Youssouf Fofana) témoignent d'une inhumanité civique qui est l'équivalent d'un crime contre l'humanité en droit international. Ce devrait donc devenir autant de conditions exposant à la déchéance de la nationalité tous les citoyens quels qu'ils soient, au même titre que les actes terroristes.

Les conditions d'acquisition de la nationalité (droit du sol ou naturalisation) restant les mêmes, une solution égalitaire et protectrice des droits de l'individu consisterait, comme je le suggère dans mon livre, à instituer dès la prime enfance et jusqu'à l'adolescence un apprentissage simple mais obligatoire des principes fondamentaux de la citoyenneté par tous, en l'assortissant d'un énoncé clair et explicite des conditions dont la violation entraîne la déchéance de la nationalité.

Cet apprentissage déboucherait sur une prestation solennelle de serment sur le modèle de l'entrée dans l'éphébie athénienne (entrée des jeunes gens dans la citoyenneté) ou de la Confirmation de la foi chez les catholiques ou de la Bar-mitzvah chez les Juifs. Un serment du même type serait évidemment imposé à ceux qui deviennent citoyens par naturalisation. Il pourrait même être demandé à ceux qu'on soupçonne de violer ce serment de le renouveler, par exemple pour les djihadistes revenus de leur séjour à l'étranger. Il s'agirait en quelque sorte d'une « confirmation » de l'adhésion civique, proche du serment de « religion civile » chez Jean-Jacques Rousseau.

La violation de ce serment entraînerait pour les mononationaux comme pour les binationaux la déchéance de la nationalité avec éventuellement entrée pour les

mono-nationaux dans le statut d'apatride, y compris
« d'apatride sur place ».

Seule la loi (code civil) aurait à être modifiée et il
serait même possible de prévoir des conditions de réhabilitation, comme le faisait la constitution révolutionnaire de 1793. La « mort civique » pourrait ainsi être
définitive ou temporaire.

Tout naturellement, le passage au statut d'apatride
ferait perdre aux individus concernés les droits sociaux
liés à la citoyenneté. Avec l'avantage supplémentaire
de permettre un meilleur contrôle de leurs activités et
déplacements – comme c'est le cas aujourd'hui pour un
étranger dans tous les pays.

Il est malhonnête de suggérer que créer des apatrides
serait violer les droits de l'homme.

L'Organisation des Nations unies a en effet défini
un statut complet et protecteur de l'apatridie dans sa
convention du 28 septembre 1954 dont la France est
signataire.

Ce statut définit clairement les droits et devoirs de
l'apatride (en général ceux d'un étranger traité favora-
blement).

Il n'y aurait donc absolument rien de choquant ni
d'inhumain à ce que des citoyens refusant fondamentalement les principes de la communauté à laquelle
ils appartenaient deviennent des apatrides au sein
de cette communauté même, sous la protection des
lois mais étant désormais traités comme les étrangers
qu'ils ont voulu devenir par leurs actes. Après tout,
ils obtiennent ce qu'ils ont cherché. Contrairement à
certains arguments qui circulent, il n'est pas du tout
certain que la menace de l'apatridie serait si inopérante
et si peu efficace qu'on dit compte tenu des pertes de

droits et surtout d'avantages sociaux qu'elle constitue. Le paradoxe d'un certain nombre de délinquants est qu'ils continuent à faire valoir des droits que tout leur comportement a récusés.

J'ajoute avec une certaine ironie que la dite convention internationale de 1954 sur l'apatridie est réputée ne pas s'appliquer... « aux personnes dont on aura des raisons sérieuses de penser :

a) qu'elles ont commis un crime contre la paix, un crime de guerre ou un crime contre l'humanité, au sens des instruments internationaux élaborés pour prévoir des dispositions relatives à ces crimes ;

b) qu'elles ont commis un crime grave de droit commun en dehors du pays de résidence avant d'y être admises ;

c) qu'elles se sont rendues coupables d'agissements contraires aux buts et aux principes des Nations unies » (article 1 section 2 de la convention ONU de 1954).

Ce qui veut dire que, de même que la *Res Publica* ou le *Commonwealth* doit exclure de sa protection ceux qui le combattent, pareillement le droit international ne protège pas ceux qui s'exceptent de ses principes.

Table

Introduction 7

1. Le fait du fondamentalisme religieux 19
2. Le fait du populisme 61
3. Le fait de la *Realpolitik* 91
4. Contre la vision morale du monde,
   contre la bienveillance politique 127

Conclusion 155

Appendices 163
   Appendice 1. Bienveillance du XVIIIe siècle et care ... 165
   Appendice 2. La peur de la liberté 169
   Appendice 3. Sur la déchéance de nationalité 172

DU MÊME AUTEUR

Alberto Cont, monographie, Paris, Somogy éditions d'art, 2015.

Narcisse et ses avatars, Paris, Grasset, coll. « Vingt-six », 2014.

Le Nouveau Luxe. Expériences, arrogance et authenticité, Paris, Stock, 2013.

Qu'est-ce que le management responsable ? Confiance, décision, réflexivité, Paris, Eyrolles, 2013.

Ibiza mon amour. Enquête sur l'industrialisation du plaisir, Paris, NIL, 2012.

Face à la classe. Sur quelques manières d'enseigner, en collaboration avec Sébastien Clerc, Paris, Gallimard, coll. « Folio actuel », 2010.

Qu'est-ce que le mérite ? Paris, Bourin éditeur, 2009, nouvelle édition Paris, Gallimard, coll. « Folio essais », 2010.

Précis de recomposition politique. Incivismes à la française et quelques manières d'y remédier, Paris, Flammarion-Climats, 2006.

La Philo 100 % ado, la suite, Paris, Bayard, 2006.

La Violence, Paris, PUF, coll. « Que sais-je ? », 2004, édition entièrement nouvelle.

Chirac dans le texte. La parole et l'impuissance, Paris, Stock, 2004.

La Philo 100 % ado, Paris, Bayard, 2003.

L'Art à l'état gazeux. Essai sur le triomphe de l'esthétique, Paris, Stock, 2003, nouvelle édition Hachette littératures, coll. « Pluriel », 2004.

Changements dans la violence. Essai sur la bienveillance universelle et la peur, Paris, Odile Jacob, 2002.

Humain, inhumain, trop humain. Réflexions philosophiques sur les biotechnologies, la vie et la conservation de soi à partir de Peter Sloterdijk, Montpellier, éditions Climats, 2002, nouvelle édition 2006 avec un essai supplémentaire, Paris, Flammarion-Climats,

Alain Clément, Arles, Actes Sud, 2001.

Jan Voss, Paris, Adam Biro, 2001.

Dominique Gauthier, en collaboration avec Frédéric Valabrègue, Paris, éditions du Regard, 2001.

Ateliers au féminin, en collaboration avec Catherine Panchout, Paris, Au même titre Éditions.

Critères esthétiques et jugement de goût, Nîmes, éditions Jacqueline Chambon, coll. « Rayon Art », 1999, 3e édition 2001, nouvelle édition Hachette littératures, coll. « Pluriel », 2005.

L'Art contemporain depuis 1945, Paris, La Documentation photographique, la Documentation française, 1998, 2e édition 2001.

La Crise de l'art contemporain. Utopie, démocratie et comédie, Paris, PUF, coll. « Intervention philosophique », 1997, 6e édition 2015.

La Violence apprivoisée, Paris, Hachette, coll. « Questions de société », 1996.

Les Marges de la vision. Essais sur l'art 1978-1995, coll. « Critiques d'art », Nîmes éditions Jacqueline Chambon, 1996.

Sam Francis, collection Histoire et philosophie de l'art, Paris, 1992, éditions Daniel Papiersky.

Enseigner l'art ? coll. « Rayon Art », Nîmes, Éditions Jacqueline Chambon, 1993, nouvelle édition revue et augmentée, Nîmes, éditions Jacqueline Chambon, coll. « Rayon Art », 1999.

L'Artiste et les commissaires. Quatre essais non pas sur l'art contemporain mais sur ceux qui s'en occupent, Nîmes, Éditions Jacqueline Chambon, 1989, 3e édition 2001, nouvelle édition avec un chapitre supplémentaire, Paris, Hachette littératures, coll. « Pluriel », 2007.

John Locke, Paris, Bordas, Paris, 1986, nouvelle édition, Paris, PUF, coll. « Quadrige », 1998.

La Violence, coll. « Que sais-je », Paris, PUF, 1986, nouvelles éditions 1995, 1998.

Hume et la fin de la philosophie, Paris, PUF, 1983, nouvelle édition, Paris, PUF, coll. « Quadrige », 1999.

Violence et politique, Paris, Gallimard, 1978, coll. « Les Essais », nouvelle édition 2005.

John Locke, *De la conduite de l'entendement,* traduction, introduction et notes par Yves Michaud, Paris, Vrin, 1975, nouvelle édition Vrin, 2008, coll. « Bibliothèque des textes philosophiques. »

La Violence, Paris, PUF, 1973, coll. « Dossiers Logos ».

L'Efficacité personnelle : être efficace pour mieux diriger, en collaboration avec Claude Duval, Paris, éditions d'organisation, 1970.

DANS LA MÊME COLLECTION

Marcel Gauchet, La Condition historique, *2003.*

Yves Michaud, L'Art à l'état gazeux, *2003.*

Paul Ricœur, Parcours de la reconnaissance, *2004.*

Jean Lacouture, La Rumeur d'Aquitaine, *2004.*

Nicolas Offenstadt, Le Chemin des Dames, *2004.*

Olivier Roy, La Laïcité face à l'islam, *2005.*

Alain Renaut et Alain Touraine, Un débat sur la laïcité, *2005.*

Marcela Iacub, Bêtes et victimes et autres chroniques de Libération, *2005.*

Didier Epelbaum, Pas un mot, pas une ligne ? 1944-1994 : des camps de la mort au génocide rwandais, *2005.*

Henri Atlan et Roger-Pol Droit, Chemins qui mènent ailleurs, dialogues philosophiques, *2005.*

René Rémond, Quand l'État se mêle de l'Histoire, *2006.*

David E. Murphy, Ce que savait Staline, *traduit de l'anglais (États-Unis) par Jean-François Sené, 2006.*

Ludivine Thiaw-Po-Une (sous la direction de), Questions d'éthique contemporaine, *2006.*

François Heisbourg, L'Épaisseur du monde, *2007.*

Luc Boltanski, Élisabeth Claverie, Nicolas Offenstadt, Stéphane Van Damme (sous la direction de), Affaires, scandales et grandes causes. De Socrate à Pinochet, *2007.*

Axel Kahn et Christian Godin, L'Homme, le Bien, le Mal, *2008.*

Philippe Oriol, L'Histoire de l'affaire Dreyfus, I. L'affaire du capitaine Dreyfus (1894-1897), *2008.*

Marie-Claude Blais, Marcel Gauchet, Dominique Ottavi, Conditions de l'éducation, *2008.*

François Taillandier et Jean-Marc Bastière, Ce n'est pas la pire des religions, *2009.*

Hannah Arendt et Mary McCarthy, Correspondance, 1949-1975, *2009.*

Didier Epelbaum, Obéir. Les déshonneurs du capitaine Vieux : Drancy, 1941-1944, *2009.*

Béatrice Durand, La Nouvelle Idéologie française, *2010.*

Zaki Laïdi, Le Monde selon Obama, *2010.*

Bérénice Levet, Le Musée imaginaire d'Hannah Arendt, *2011.*

Simon Epstein, 1930, une année dans l'histoire du peuple juif, *2011.*

Alain Renaut, Un monde juste est-il possible ?, *2013.*

Nicolas Offenstadt, En place publique. Jean de Gascogne, crieur au xvᵉ siècle, *2013.*

François Heisbourg, La Fin du rêve européen, *2013.*

Axel Kahn, L'Homme, le Libéralisme et le Bien commun, *2013.*

Yves Michaud, Le Nouveau Luxe. Expériences, arrogance, authenticité, *2013.*

Marie-Claude Blais, Marcel Gauchet, Dominique Ottavi, Transmettre, apprendre, *2014.*

Thomas Bouchet, Les Fruits défendus. Socialismes et sensualité du xixᵉ siècle à nos jours, *2014.*

Olivier Rey, Une question de taille, *2014.*

Didier Epelbaum, Des hommes vraiment ordinaires ? Les bourreaux génocidaires, *2015.*

François Heisbourg, Secrètes histoires. La naissance du monde moderne, *2015.*

Marcel Gauchet, Éric Conan et François Azouvi, Comprendre le malheur français, *2015.*

« *RÉPLIQUES* »
sous la direction d'Alain Finkielkraut

Ce que peut la littérature, *2006.*
Qu'est-ce que la France ?, *2007.*
La Querelle de l'école, *2007.*
L'Interminable Écriture de l'Extermination, *2010.*

*Cet ouvrage a été composé
par Nord Compo à Villeneuve-d'Ascq (Nord)
et achevé d'imprimer en avril 2016
par CPI
pour le compte des Éditions Stock
31, rue de Fleurus, 75006 Paris*

Imprimé en France

Dépôt légal : avril 2016
N° d'édition : 02
N° d'impression : 2022648
73-10-9229/4